Curso
MAD360

SE05

La diferencia entre aprobar
y sacar plaza

Facultativo/a Especialista de Área

SERVICIO ARAGONÉS DE SALUD

AF212414

Accede a tu **Curso MAD360** y disfruta de los siguientes recursos:

- Técnicas de Memoria 360.
- Test *online*.
- Temario en formato digital.
- Planificación de estudio.
- Foro entre opositores hasta la fecha del examen.*
- Recursos y novedades exclusivas.
- Consulta sobre la oposición y el proceso selectivo.
- Actualizaciones legislativas (Boletines Oficiales) hasta 60 días antes de la fecha del examen.*

Para acceder al Curso MAD360** será necesaria la compra de todos los libros para esta especialidad de la edición 2024.

Valida los códigos que encuentras en la última página de tus libros y disfruta de la experiencia MAD360.

Infórmate en: mad.es/registro-campus

NOTA IMPORTANTE:

* Examen de esta categoría profesional correspondiente a la convocatoria publicada en el BOA n.º 247, de 27 de diciembre de 2023, o hasta el 30 de junio del 2025, lo que se cumpla antes.

** El acceso al CURSO MAD360 estará disponible desde marzo de 2024 (algunos recursos podrían estar disponibles en fecha posterior). Tendrá una duración de 365 días, desde la validación de códigos, o hasta el 31 de diciembre del 2025, lo que se cumpla antes.

MAD se reserva el derecho a ampliar dichas fechas.

Facultativo/a Especialista de Área del Servicio Aragonés de Salud (SALUD-Aragón)

Febrero 2024

Facultativo/a Especialista de Área del Servicio Aragonés de Salud (SALUD-Aragón)

Test del temario común

Autores

FRANCISCO JESÚS TORRES FONSECA
Licenciado en Derecho

ELENA GARCÍA FERNÁNDEZ
Licenciada en Derecho

JOSÉ LUIS GARRIDO VELA
Licenciado en Derecho

DOMINGO GÓMEZ MARTÍNEZ
Licenciado en Derecho
Técnico de Función Administrativa del SAS

CLARA INÉS CARRILLO PARDO
Licenciada en Derecho

M.ª JOSÉ GARCÍA BERMEJO
Licenciada en Biología
Técnico Superior en Laboratorio de Diagnóstico Clínico

© 7 Editores Recursos para la Cualificación Profesional y el Empleo, S.L. (7 Editores)
© Los autores
Segunda edición, febrero 2024 (228 páginas)
Derechos de edición reservados a favor de 7 Editores
IMPRESO EN ESPAÑA
Diseño Portada: 7 Editores
Edita: 7 Editores
Avda. San Francisco Javier, 9 · Edificio Sevilla 2 · Planta 11 · Módulos 25-27 · 41018 Sevilla
Teléfono: 954 784 411 · WEB: www.mad.es · e-mail: administracion@7editores.com
ISBN: 978-84-142-7926-7
© "Editorial Mad" y "Eduforma" son nombres comerciales registrados de
7 Editores Recursos para la Cualificación Profesional y el Empleo, S.L.

Índice

TEST N.º 1

Constitución Española de 1978: la protección de la salud en la Constitución. Estatuto de Autonomía de Aragón. Competencias en salud recogidas en el Estatuto de Autonomía. Las Cortes de Aragón. El Gobierno de Aragón

1. ¿En qué se fundamenta la Constitución Española?

a) En un Estado social y democrático de Derecho.
b) En la indisoluble unidad de la Nación española.
c) En la independencia de los poderes del Estado.
d) En la organización territorial del Estado.

2. Según el artículo 3 de la CE, el castellano es la lengua oficial del Estado y todos los españoles:

a) Tienen el deber de usar y el derecho de conocer el castellano.
b) Tienen el derecho y el deber de conocer el castellano.
c) Tienen el deber de conocer y el derecho de usar el castellano.
d) Tienen el derecho de conocer y usar el castellano.

3. La Constitución Española reconoce y garantiza el derecho a la autonomía:

a) De las nacionalidades que la integran.
b) De las regiones que la integran.
c) De las Comunidades Autónomas que la integran.
d) De las nacionalidades y regiones que la integran.

4. El Preámbulo de la Constitución:

a) Tiene en sí carácter de norma jurídica.
b) Es una declaración de intenciones, destinada a interpretar lo que se quiere alcanzar con el contenido normativo de la Constitución.
c) Se trata de un texto sin fuerza jurídica de obligar.
d) Las respuestas b) y c) son correctas.

5. Señala la afirmación correcta, respecto de la aprobación, ratificación y publicación de la Constitución Española:

a) Aprobada por las Cortes el 31 de octubre de 1978, ratificada por el pueblo en referéndum el 6 de diciembre de 1978 y publicada el 29 de diciembre de 1978.

b) Aprobada por las Cortes el 30 de octubre de 1978, ratificada por el pueblo en referéndum el 16 de diciembre de 1978 y publicada el 27 de diciembre de 1978.

c) Aprobada por las Cortes el 31 de octubre de 1978, ratificada por el pueblo en referéndum el 16 de diciembre de 1978 y publicada el 29 de diciembre de 1978.

d) Aprobada por las Cortes el 10 de octubre de 1978, ratificada por el pueblo en referéndum el 26 de diciembre de 1978 y publicada el 30 de diciembre de 1978.

6. ¿En qué parte de la Carta Magna se establece la exposición de motivos que impulsan la norma constitucional y los objetivos que con ella se pretenden alcanzar?

a) En el Título preliminar.

b) En el Preámbulo.

c) En el Título I.

d) En el Título II.

7. La Constitución Española fue sancionada por:

a) El Rey.

b) El Presidente del Congreso.

c) Las Cortes Generales.

d) El Presidente del Gobierno.

8. ¿Cuáles de los siguientes españoles de origen pueden ser privados de su nacionalidad?

a) Exclusivamente los miembros de grupos terroristas.

b) Los miembros de grupos terroristas y los que atenten contra el Rey u otro miembro de la Casa Real.

c) Los que atenten contra un miembro de la Familia Real o del Gobierno de la Nación.

d) Ningún español de origen podrá ser privado de su nacionalidad.

9. Según la CE son fundamentos del orden político y la paz social:

a) La dignidad de la persona, los derechos violables que les son inherentes y el respeto a la ley.

b) La dignidad de la persona, el desarrollo limitado de la personalidad y el respeto a la ley.

c) El respeto a la ley, a los reglamentos administrativos y demás disposiciones legales.

d) La dignidad de la persona, los derechos inviolables que le son inherentes, el libre desarrollo de su personalidad, el respeto a la ley y a los derechos de los demás.

10. ¿Cuál de los siguientes es considerado por la CE como uno de los valores superiores del ordenamiento jurídico?

a) La jerarquía normativa.
b) El pluralismo político.
c) La publicidad normativa.
d) La equidad.

11. La forma política del Estado español es:

a) Democracia parlamentaria.
b) Gobierno parlamentario.
c) Monarquía parlamentaria.
d) República democrática.

12. La parte de la CE que regula la estructura de los principales órganos del Estado recibe el nombre de:

a) Parte dogmática.
b) Parte orgánica.
c) Parte estatal.
d) Parte estructural.

13. Según la CE, la soberanía nacional:

a) Corresponde a las Cortes Generales, al estar compuestas por los representantes del pueblo.
b) Corresponde al Rey.
c) Reside en el pueblo español.
d) Corresponde al Gobierno de la Nación elegido directamente por el pueblo.

14. ¿En qué parte de la Carta Magna se señalan los valores superiores del ordenamiento jurídico?

a) En el Preámbulo.
b) En el Título Preliminar.
c) En el Título I.
d) Ninguna respuesta es correcta.

15. ¿Cuál de las siguientes es una de las características de nuestra Constitución de 1978?

a) Consensuada.
b) Corta.
c) Conservadora.
d) Originalidad.

16. Son el fundamento del orden político y de la paz social:

a) El libre desarrollo de la personalidad.
b) Los derechos inviolables que les son inherentes.
c) El respeto a la ley y a los derechos de los demás.
d) Todas las respuestas son correctas.

17. ¿Qué quedará excluido de extradición?

a) Los delitos criminales.
b) Los delitos políticos.
c) Los actos de terrorismo.
d) Ninguno.

18. ¿Qué debe ser democrático, a tenor de lo dispuesto en la Constitución Española, en los sindicatos de trabajadores y las asociaciones empresariales?

a) Su funcionamiento.
b) Su estructura interna.
c) Su funcionamiento y estructura interna.
d) Sus órganos asamblearios.

19. ¿De cuántos Capítulos consta el Título I de la CE de 1978?

a) De tres.
b) De cinco.
c) De dos.
d) De cuatro.

20. Las primeras elecciones democráticas celebradas en España tras la muerte de Franco tuvieron lugar en:

a) 1975.
b) 1976.
c) 1977.
d) 1978.

21. El referéndum en el que se aprobó popularmente la Constitución se llevó a efecto el:

a) 27 de diciembre de 1978.
b) 6 de diciembre de 1978.
c) 31 de octubre de 1978.
d) 29 de diciembre de 1979.

22. La ponencia encargada de redactar el borrador de la Constitución se constituyó en el:

a) Senado.
b) Senado y Congreso de los Diputados.
c) Congreso de los Diputados.
d) Gobierno de la Nación.

23. Si un poder público, en su actuación, infringe lo dispuesto en el Preámbulo de la Constitución:

a) Incurre en nulidad.
b) Incurre en inconstitucionalidad.
c) No pasa nada salvo que, como consecuencia de esa actuación, se infrinja un artículo de la propia Constitución.
d) Nada de lo anterior es cierto.

24. El principio en virtud del cual el ciudadano está amparado por una legislación no sujeta a continuos vaivenes es el de:

a) Legalidad.
b) Publicidad normativa.
c) Seguridad jurídica.
d) Jerarquía normativa.

25. Todos los españoles, respecto al castellano, tienen el:

a) Derecho-deber de conocerlo.
b) Derecho de usar y deber de conocerlo.
c) Derecho-deber de usarlo.
d) Nada de lo anterior.

26. La capital del Estado en España es:

a) La propia de cada Comunidad Autónoma.
b) La villa de Madrid.
c) Aquella donde se establezca en cada momento el Gobierno de la Nación.
d) Aquella en la que resida generalmente el Rey.

27. El Título de la Constitución que trata de la reforma constitucional es el:

a) Primero.
b) Décimo.
c) Noveno.
d) Undécimo.

28. El Defensor del Pueblo se regula en el siguiente Título y Capítulo de la Constitución, respectivamente:

a) Preliminar y 1.º
b) Segundo y 4.º
c) Segundo y 3.º
d) Primero y 4.º

29. El pluralismo político, para nuestra Constitución, es un/una:

a) Principio General del ordenamiento político.
b) Valor superior del ordenamiento jurídico.
c) Principio rector de la política social y económica.
d) Derecho fundamental.

30. La forma política del Estado español es:

a) Unitaria y regionalizada.
b) Federal.
c) La Monarquía Parlamentaria.
d) La propia de un Estado Social y Democrático.

31. La justicia, según nuestra Constitución, es un/una:

a) Principio de nuestro ordenamiento jurídico.
b) Valor superior del anterior.
c) Manifestación del Estado democrático.
d) Todo lo anterior.

32. Un español de origen puede perder esta nacionalidad:

a) Por sanción administrativa.
b) Cuando libremente renuncie a la misma.
c) Por condena penal.
d) En ningún caso.

33. Constituye el fundamento del orden público y de la paz social, según la Constitución, el/la/los:

a) Derechos inviolables inherentes a la persona.
b) Estado social y democrático de Derecho.
c) Seguridad jurídica.
d) Justicia.

34. Las Comunidades Autónomas deben usar o instalar la bandera española:

a) En sus edificios.
b) En los actos oficiales.
c) Cuando lo solicite el Delegado del Gobierno de la Nación en las mismas.
d) Cuando lo estimen oportuno.

35. Deben tener una estructura interna y un funcionamiento democrático los/las:

a) Partidos Políticos.
b) Colegios Profesionales.
c) Organizaciones Profesionales.
d) Todos ellos.

36. La defensa de la integridad territorial de España se atribuye por la Constitución a/al/a las:

a) Fuerzas y Cuerpos de Seguridad.
b) Fuerzas Armadas.
c) Gobierno de la Nación.
d) Todas las anteriores.

37. La Constitución entró en vigor:

a) Al día siguiente de su publicación en el Boletín Oficial del Estado.
b) El 27 de diciembre de 1978.
c) El 29 de diciembre de 1978.
d) Al ser aprobada en la sesión conjunta por el Congreso de los Diputados y el Senado.

38. El derecho a la propiedad en nuestra Constitución es un Derecho:

a) Inherente a la condición humana.
b) Absoluto.
c) Limitado por la función social de la misma.
d) Ninguna de las respuestas anteriores es correcta.

39. Dispone la Carta Magna que todos contribuirán al sostenimiento de los gastos públicos de acuerdo con su capacidad económica mediante un sistema tributario justo inspirado en los principios de:

a) Legalidad y equidad.
b) Igualdad y progresividad.
c) Publicidad y legalidad.
d) Eficacia y sostenibilidad.

40. En virtud del principio de progresividad tributaria:

a) Se implantarán paulatinamente cada vez mayores tributos.
b) Los tipos impositivos serán regresivos.
c) Prima el principio de igualdad en el pago de los tributos.
d) Nada de lo expuesto es cierto.

41. Según la Constitución, el Estado es:

a) Apolítico.
b) Aconfesional.
c) De bienestar social.
d) Federal.

42. El derecho a la vida se consagra en el siguiente artículo de la Constitución:

a) 10.
b) 16.
c) 15.
d) 24.

43. La pena de muerte en España:

a) Ha quedado abolida.
b) Puede aplicarse en cualquier momento.
c) Solo se aplicará, en tiempo de guerra, a los militares.
d) Rige solo en el ámbito civil.

44. La inmediata puesta a disposición judicial derivada del habeas corpus, se produce por:

a) Detención ilegal.
b) Prisión ilegal.
c) Prisión preventiva.
d) Detención preventiva.

45. El proceso en el que se enjuicie a un presunto delincuente debe:

a) Ser sumario.
b) No dilatarse.
c) Entorpecer los instrumentos probatorios.
d) Nada de lo anterior es cierto.

46. La entrada en un domicilio en caso de flagrante delito, sin autorización de su titular:

a) Puede dar lugar a la aplicación del habeas corpus.
b) Requiere autorización previa de la autoridad judicial.
c) Puede efectuarse en todo momento.
d) No puede realizarse en momento alguno.

47. Cuando, al conocerse la comisión de un delito por una persona, se acude a su domicilio para detenerla:

a) Está obligada a franquear la entrada.
b) Se necesitará autorización judicial para entrar, si no da su consentimiento para ello.
c) Pese a que no dé su consentimiento, se puede entrar.
d) Nada de lo anterior es correcto.

48. La autorización previa para celebrar una manifestación pública:

a) La da el Subdelegado del Gobierno en la Provincia.
b) Es ineludible.
c) Sería inconstitucional.
d) Se da cuando no se prevean alteraciones al orden público, con peligro para personas o bienes.

49. El tipo de sufragio que consagra la Constitución es el:

a) Proporcional.
b) Universal.
c) Censitario.
d) Las respuestas a) y b) son correctas.

50. Además de la no autoinculpación, la Constitución prevé que no se está obligado a declarar sobre un hecho presuntamente delictivo en caso de:

a) Parentesco y afinidad.
b) Cláusula de conciencia.
c) Secreto profesional.
d) Las respuestas a) y b) son correctas.

51. Los Tribunales de Honor están prohibidos respecto de los/la/las:

a) Sindicatos y Organizaciones Profesionales.
b) Administración Civil y Militar.
c) Organizaciones Profesionales y la Administración Civil.
d) Todas las respuestas anteriores son correctas.

52. El secreto profesional, constitucionalmente, sirve para:

a) Ejercer con libertad una profesión titulada.
b) La libertad de creación científica y técnica.
c) No declarar sobre hechos presuntamente delictivos.
d) Todo lo anterior.

53. La fundación de una Internacional Sindical por un sindicato español:

a) Es libre.
b) Está prohibida.
c) Debe plasmarse en un Tratado Internacional.
d) Nada de lo anterior es cierto.

54. El ejercicio del derecho de petición a través de una manifestación ciudadana:

a) No se admite.
b) Se admite en algún caso.
c) Se admite, salvo para los militares.
d) Ni se admite ni se prohíbe.

55. Nuestro sistema tributario ha de ser:

a) Regresivo e igualitario.
b) Progresivo y generalizado.
c) Confiscatorio.
d) Justo y regresivo.

56. Las Fundaciones son:

a) Entidades constituidas para fines de interés general.
b) Administración Corporativa.
c) Entidades privadas con fines de carácter también privado.
d) Asociaciones de personas para conseguir fines de interés general.

57. La asistencia de todo orden a los hijos habidos extraconyugalmente:

a) No está prevista en la Constitución.
b) Es un deber de los padres.
c) Se dispensará por Instituciones de Beneficencia.
d) Se dispensa solo a los que de ellos tengan discapacidad.

58. La especulación urbanística, según la Constitución:

a) Debe evitarse.
b) Está permitida.

c) Genera plusvalías para la colectividad.
d) Pueden hacerla los poderes públicos.

59. No es susceptible de recurso de amparo el derecho a la/de:

a) Sindicación.
b) Investigación científica.
c) Secreto de las comunicaciones.
d) Lo son todos ellos.

60. Tampoco lo es el derecho de:

a) Libertad de cátedra.
b) Negociación colectiva.
c) Manifestación.
d) Huelga.

61. Y sí lo está el derecho de/a la:

a) Libre sindicación.
b) Petición.
c) Cláusula de conciencia.
d) Lo están todos ellos.

62. Una vez declarado el estado de excepción no se puede suspender el derecho/ libertad de:

a) Huelga.
b) Enseñanza.
c) Adopción de medidas de conflicto colectivo.
d) Libertad de circulación.

63. Durante el estado de excepción, un detenido conserva el derecho de/a:

a) Setenta y dos horas para ser puesto a disposición judicial.
b) Secreto de comunicaciones.
c) Asistencia de Letrado.
d) Ninguno de ellos.

64. Se puede suspender, con motivo de investigaciones relativas a bandas armadas, el derecho de:

a) Huelga.
b) Inviolabilidad del domicilio.
c) Libertad de circulación.
d) Las respuestas b) y c) son correctas.

65. Nuestra Constitución trata de los derechos y deberes fundamentales de los españoles en su Título I, denominado:

a) De los derechos y deberes fundamentales.
b) De los deberes de los españoles.
c) De los derechos de los españoles.
d) De los derechos y deberes principales de los españoles.

66. ¿En qué artículos de nuestra CE se recogen los derechos fundamentales y de las libertades públicas?

a) En los artículos 10 a 43.
b) En los artículos 25 a 38.
c) En los artículos 31 a 45.
d) En los artículos 15 a 29.

67. ¿Qué vía de acceso siguió la Comunidad Autónoma de Aragón?

a) La del artículo 151.
b) La del artículo 143.
c) Ambas.
d) Ninguna es correcta.

68. Señale la respuesta correcta:

a) Las normas y disposiciones de la Comunidad Autónoma de Aragón tienen eficacia funcional, sin perjuicio de las excepciones que puedan establecerse en cada materia y de las situaciones que hayan de regirse por el estatuto personal u otras reglas de extraterritorialidad.
b) El Derecho foral de Aragón tiene eficacia personal y será de aplicación a todos los que ostenten la vecindad civil aragonesa, independientemente del lugar de su residencia, y excepción hecha de aquellas disposiciones a las que legalmente se les atribuya eficacia territorial.
c) Los extranjeros que adquieran la nacionalidad española quedarán sujetos a la vecindad civil aragonesa, si en el momento de su adquisición tienen vecindad administrativa en Aragón, aunque manifiesten su voluntad en contrario, de acuerdo con lo dispuesto en la legislación del Estado.
d) Todas son correctas.

69. El Título V del Estatuto de Autonomía de Aragón, trata de:

a) La Organización territorial y Gobierno Local.
b) La cooperación institucional y acción exterior.
c) Las competencias de la Comunidad Autónoma.
d) Ninguna es correcta.

70. Todas las personas tienen derecho a acceder a los servicios públicos de salud:

a) En condiciones de igualdad, universalidad y calidad, y los usuarios del sistema público de salud tienen derecho a la libre elección de médico y centro sanitario, en los términos que establecen las leyes.

b) En condiciones de igualdad, universalidad y calidad, y los usuarios del sistema público de salud tienen derecho a la libre elección de médico y centro sanitario, en los términos que se establezcan reglamentariamente.

c) En condiciones de igualdad, universalidad y cohesión, y los usuarios del sistema público de salud tienen derecho a la libre elección de médico y centro sanitario, en los términos que establezca cada Comunidad Autónoma previa autorización del Estado.

d) Ninguna es correcta.

71. ¿En qué fecha se celebra el día de Aragón?

a) 2 de mayo.
b) 3 de enero.
c) 23 de abril.
d) 25 de noviembre.

72. En materia de protección personal y familiar, los poderes públicos aragoneses orientarán sus políticas de acuerdo con los siguientes objetivos:

a) Garantizar la calidad de vida y el bienestar de todas las personas.

b) Mejorar la protección integral de la familia y los derechos de toda forma de convivencia reconocida por el ordenamiento jurídico.

c) Promover la igualdad entre el hombre y la mujer en todos los ámbitos, con atención especial a la educación, el acceso al empleo y las condiciones de trabajo.

d) Garantizar el derecho de todas las personas a no ser discriminadas por razón de su orientación sexual e identidad de género.

73. Entre las competencias correspondientes al Gobierno de Aragón, no se encuentra:

a) Aprobar el Plan de Salud de Aragón, poniendo el mismo en conocimiento de las Cortes de Aragón.

b) Aprobar el mapa sanitario de Aragón.

c) Fijar las tarifas de los precios públicos por servicios sanitarios.

d) La aprobación de la memoria anual de actuación del Servicio Aragonés de Salud.

74. La Administración de la Comunidad Autónoma de Aragón, en su actuación, respetará los principios de:

a) Eficacia.
b) Eficiencia.

c) Nacionalización.
d) Ninguna es correcta.

75. La Administración de la Comunidad Autónoma de Aragón se relacionará con el resto de Administraciones Públicas españolas, con arreglo al principio de:

a) Buena fe.
b) Transparencia.
c) Lealtad institucional.
d) Ninguna es correcta.

76. La Administración Pública aragonesa ajustará su actividad a los principios de:

a) Eficacia.
b) Transparencia.
c) Servicio efectivo a los ciudadanos.
d) Todas son correctas.

77. El territorio de la Comunidad Autónoma se corresponde con el histórico de Aragón y comprende el de:

a) Los municipios.
b) Las comarcas.
c) Las provincias de Huesca, Teruel y Zaragoza.
d) Todas son correctas.

78. Las Cortes de Aragón serán elegidas por un periodo de:

a) Cuatro años.
b) Tres años.
c) Cinco años.
d) Ninguna es correcta.

79. El primer periodo ordinario de sesiones de las Cortes de Aragón comprende de:

a) Septiembre a diciembre.
b) De febrero a junio.
c) De julio a agosto.
d) Ninguna es correcta.

80. ¿Cuántas Disposiciones Transitorias tiene el Estatuto de Autonomía de Aragón?

a) Cuatro.
b) Cinco.

c) Seis.
d) Siete.

81. El Título VIII del Estatuto de Autonomía trata de:

a) La Reforma del Estatuto.
b) El Poder Judicial.
c) La Justicia.
d) Ninguna es correcta.

82. En relación a los símbolos y capitalidad, no es cierto que:

a) La capital de Aragón es Zaragoza.
b) El escudo es el tradicional de cuatro barras rojas horizontales sobre fondo amarillo.
c) El día de Aragón es el 23 de abril.
d) Todas son correctas.

83. ¿A quién le corresponde aprobar el mapa sanitario de Aragón?

a) Al Gobierno de Aragón.
b) Al Departamento responsable de Salud.
c) Al Servicio Aragonés de Salud.
d) Ninguna es correcta.

84. ¿A quién le corresponde la evaluación y garantía de calidad de la actividad y de los servicios sanitarios?

a) Al Gobierno de Aragón.
b) Al Departamento responsable de Salud.
c) Al Servicio Aragonés de Salud.
d) Ninguna es correcta.

85. Corresponde a la Comunidad Autónoma:

a) La gestión, liquidación, recaudación, inspección y revisión de sus propios tributos y, por delegación del Estado, las relativas a los tributos no cedidos totalmente por el Estado a Aragón, de conformidad con la ley.
b) La gestión, liquidación, recaudación, inspección y revisión de sus propios tributos y, por delegación del Estado, las relativas a los tributos cedidos totalmente por el Estado a Aragón, de conformidad con la ley.
c) La gestión, liquidación, recaudación, inspección y revisión de sus propios tributos y, por delegación del Estado, las relativas a los tributos cedidos totalmente por Aragón al Estado, de conformidad con la ley.
d) Ninguna es correcta.

86. ¿Qué artículo de la Constitución Española regula la protección de la salud?

a) Artículo 40.
b) Artículo 41.
c) Artículo 42.
d) Artículo 43.

87. ¿Puede el Presidente o Presidenta del Gobierno de Aragón, ser detenido/a durante su mandato?

a) No, porque goza, en todo caso, de inviolabilidad parlamentaria.
b) No, porque tiene inmunidad.
c) Sí, en caso de flagrante delito.
d) Ninguna es correcta.

88. ¿Quién es competente para acordar la constitución de organismos dependientes del Servicio Aragonés de Salud?

a) El propio Servicio Aragonés de Salud.
b) El Gobierno de Aragón.
c) El Departamento responsable de Salud.
d) Ninguna es correcta.

89. El Estatuto de Autonomía de Aragón establece en su artículo 44 que, en caso de necesidad urgente y extraordinaria, el Gobierno de Aragón puede dictar disposiciones legislativas provisionales bajo la forma de:

a) Decreto legislativo.
b) Decreto Ley.
c) Reglamento.
d) El Gobierno de Aragón no puede dictar disposiciones legislativas provisionales.

90. Las disposiciones de carácter general que el Gobierno apruebe y cualquier otra decisión cuando así lo exija alguna disposición legal, adoptarán la forma de:

a) Decreto.
b) Acuerdo.
c) Resolución.
d) Orden.

91. Señale la respuesta correcta en relación a la estructura del Estatuto:

a) Dispone de un preámbulo.
b) Contiene 15 Títulos.

c) No tiene disposiciones finales.
d) Todas son correctas.

92. Los poderes de la Comunidad Autónoma de Aragón, emanan:

a) Del pueblo aragonés.
b) Del propio Estatuto.
c) De la Constitución.
d) Son correctas a) y c).

Solución al test n.º 1

1. b) En la indisoluble unidad de la Nación española.

2. c) Tienen el deber de conocer y el derecho de usar el castellano.

3. d) De las nacionalidades y regiones que la integran.

4. d) Las respuestas b) y c) son correctas.

5. a) Aprobada por las Cortes el 31 de octubre de 1978, ratificada por el pueblo en referéndum el 6 de diciembre de 1978 y publicada el 29 de diciembre de 1978.

6. b) En el Preámbulo.

7. a) El Rey.

8. d) Ningún español de origen podrá ser privado de su nacionalidad.

9. d) La dignidad de la persona, los derechos inviolables que le son inherentes, el libre desarrollo de su personalidad, el respeto a la ley y a los derechos de los demás.

10. b) El pluralismo político.

11. c) Monarquía parlamentaria.

12. b) Parte orgánica.

13. c) Reside en el pueblo español.

14. b) En el Título Preliminar.

15. a) Consensuada.

16. d) Todas las respuestas son correctas.

17. b) Los delitos políticos.

18. c) Su funcionamiento y estructura interna.

19. b) De cinco.

20. c) 1977.

21. b) 6 de diciembre de 1978.

22. c) Congreso de los Diputados.

23. c) No pasa nada, salvo que, como consecuencia de esa actuación, se infrinja un artículo de la propia Constitución.

24. c) Seguridad jurídica.

25. b) Derecho de usar y deber de conocerlo.

26. b) La villa de Madrid.

27. b) Décimo.

28. d) Primero y 4.º.

29. b) Valor superior del ordenamiento jurídico.

30. c) La Monarquía Parlamentaria.

31. b) Valor superior del anterior.

32. b) Cuando libremente renuncie a la misma.

33. a) Derechos inviolables inherentes a la persona.

34. b) En los actos oficiales.

35. d) Todos ellos.

36. b) Fuerzas Armadas.

37. c) El 29 de diciembre de 1978.

38. c) Limitado por la función social de la misma.

39. b) Igualdad y progresividad.

40. d) Nada de lo expuesto es cierto.

41. b) Aconfesional.

42. c) 15.

43. a) Ha quedado abolida.

44. a) Detención ilegal.

45. b) No dilatarse.

46. c) Puede efectuarse en todo momento.

47. b) Se necesitará autorización judicial para entrar, si no da su consentimiento para ello.

48. c) Sería inconstitucional.

49. b) Universal.

50. c) Secreto profesional.

51. c) Organizaciones Profesionales y la Administración Civil.

52. c) No declarar sobre hechos presuntamente delictivos.

53. a) Es libre.

54. a) No se admite.

55. b) Progresivo y generalizado.

56. a) Entidades constituidas para fines de interés general.

57. b) Es un deber de los padres.

58. a) Debe evitarse.

59. b) Investigación científica.

60. b) Negociación colectiva.

61. d) Lo están todos ellos.

62. b) Enseñanza.

63. c) Asistencia de Letrado.

64. b) Inviolabilidad del domicilio.

65. a) De los derechos y deberes fundamentales.

66. d) En los artículos 15 a 29.

67. b) La del artículo 143.

68. b) El Derecho foral de Aragón tiene eficacia personal y será de aplicación a todos los que ostenten la vecindad civil aragonesa, independientemente del lugar de su residencia, y excepción hecha de aquellas disposiciones a las que legalmente se les atribuya eficacia territorial.

69. c) Las competencias de la Comunidad Autónoma.

70. a) En condiciones de igualdad, universalidad y calidad, y los usuarios del sistema público de salud tienen derecho a la libre elección de médico y centro sanitario, en los términos que establecen las leyes.

71. c) 23 de abril.

72. d) Garantizar el derecho de todas las personas a no ser discriminadas por razón de su orientación sexual e identidad de género.

73. d) La aprobación de la memoria anual de actuación del Servicio Aragonés de Salud.

74. d) Ninguna es correcta.

75. c) Lealtad institucional.

76. d) Todas son correctas.

77. d) Todas son correctas.

78. a) Cuatro años.

79. a) Septiembre a diciembre.

80. b) Cinco.

81. d) Ninguna es correcta.

82. b) El escudo es el tradicional de cuatro barras rojas horizontales sobre fondo amarillo.

83. a) Al Gobierno de Aragón.

84. c) Al Servicio Aragonés de Salud.

85. b) La gestión, liquidación, recaudación, inspección y revisión de sus propios tributos y, por delegación del Estado, las relativas a los tributos cedidos totalmente por el Estado a Aragón, de conformidad con la ley.

86. d) Artículo 43.

87. c) Sí, en caso de flagrante delito.

88. b) El Gobierno de Aragón.

89. b) Decreto Ley.

90. a) Decreto.

91. a) Dispone de un preámbulo.

92. d) Son correctas a) y c).

TEST N.º 2

El texto refundido de la Ley del Estatuto Básico del Empleado Público, aprobado por el Real Decreto Legislativo 5/2015: deberes del empleado público y código de conducta. Representación, participación y negociación colectiva

1. De qué forma se aprobó la vigente Ley del Estatuto Básico del Empleado Público:

a) Por una Ley Orgánica.
b) Mediante un Texto Refundido.
c) Mediante una Ley de Bases.
d) Por un Real Decreto-Ley.

2. ¿Cuántos artículos contiene el vigente Texto Refundido de la Ley del Estatuto Básico del Empleado Público?

a) 50 artículos.
b) 65 artículos.
c) 80 artículos.
d) 100 artículos.

3. ¿Cuántos títulos contiene el Texto Refundido de la Ley del Estatuto Básico del Empleado Público?

a) 5 títulos.
b) 8 títulos.
c) 10 títulos.
d) 12 títulos.

4. El título III del Texto Refundido de la Ley del Estatuto Básico del Empleado Público trata de:

a) Derechos y deberes. Código de conducta de los empleados públicos.
b) Adquisición y pérdida de la relación de servicio.
c) Ordenación de la actividad profesional.
d) Personal al servicio de las Administraciones Públicas.

5. El EBEP contiene:

a) Aquello que es común al conjunto de los empleados públicos de todas las Administraciones Públicas.

b) Las normas legales específicas aplicables a los empleados públicos de todas las Administraciones Públicas.

c) Aquello que es común al conjunto de los funcionarios de todas las Administraciones Públicas, más las normas legales específicas aplicables al personal laboral a su servicio.

d) Aquello que es común al conjunto del personal laboral de todas las Administraciones Públicas, más las normas legales específicas aplicables al personal funcionario a su servicio.

6. Los Empleados Públicos:

a) Podrán voluntariamente acatar la Constitución y el resto de normas que integran el ordenamiento jurídico.

b) Podrán abstenerse en aquellos asuntos en los que tengan un interés personal.

c) Su actuación perseguirá la satisfacción de los intereses del Gobierno.

d) Guardarán secreto de las materias clasificadas.

7. Según el artículo 53 del EBEP, es un principio del código ético de los empleados públicos:

a) El desempeño de las tareas correspondientes a su puesto de trabajo se realizará de forma diligente y cumpliendo la jornada y el horario establecidos.

b) Honradez.

c) Respeto a la igualdad entre mujeres y hombres.

d) Ajustar su actuación a los principios de lealtad y buena fe con la Administración en la que presten sus servicios, y con sus superiores, compañeros, subordinados y con los ciudadanos.

8. El conjunto de normas morales que rigen la conducta de la persona en cualquier ámbito de la vida es:

a) Los valores.

b) La moral.

c) La ética.

d) Los principios.

9. Según el artículo 52 del EBEP, los empleados públicos deben desempeñar las tareas que tienen asignadas con:

a) Rapidez.

b) Prontitud.

c) Diligencia.

d) Esmero.

10. Según el artículo 53.1 del EBEP, los empleados públicos deben a la Constitución y al resto de normas que integran el ordenamiento jurídico:

a) Obediencia.
b) Sometimiento.
c) Respeto.
d) Protección.

11. Los empleados públicos ajustarán su actuación, con respecto a la Administración en la que presten sus servicios, sus superiores, compañeros, subordinados y con los ciudadanos, a los principios de lealtad y:

a) Cordialidad.
b) Buena fe.
c) Servicio.
d) Disciplina.

12. Según el artículo 53.8 del EBEP, los empleados públicos vigilarán la consecución del interés general y el cumplimiento de los objetivos de la organización, y actuarán de acuerdo con los principios de eficacia, eficiencia y:

a) Economía.
b) Efectividad.
c) Efusividad.
d) Excelencia.

13. Cuál de los siguientes es un principio de conducta de los empleados públicos:

a) Cumplir con diligencia las tareas que les correspondan o se les encomienden y, en su caso, resolver dentro de plazo los procedimientos o expedientes de su competencia.
b) No aceptar ningún trato de favor o situación que implique privilegio o ventaja injustificada, por parte de personas físicas o entidades privadas.
c) Realizar el desempeño de las tareas correspondientes a su puesto de trabajo de forma diligente y cumpliendo la jornada y el horario establecidos.
d) Basar su conducta en el respeto de los derechos fundamentales y libertades públicas, evitando toda actuación que pueda producir discriminación alguna por razón de nacimiento, origen racial o étnico, género, sexo, orientación e identidad sexual, expresión de género, características sexuales, religión o convicciones, opinión, discapacidad, edad o cualquier otra condición o circunstancia personal o social.

14. Conforme al artículo 54.5 del EBEP, los empleados públicos administrarán los recursos y bienes públicos con:

a) Responsabilidad.
b) Generosidad.

c) Subjetividad.
d) Austeridad.

15. ¿Deben garantizar los empleados públicos la atención al ciudadano en la lengua que éste solicite?

a) Sí, en todo caso y en cualquier territorio.
b) No, el empleado público es libre de elegir la lengua en la que atender a los ciudadanos.
c) Sí, siempre que sea oficial en el territorio.
d) Sólo se puede garantizar el uso del castellano.

16. Cuál de los siguientes es un principio ético del Código de Conducta de los empleados públicos:

a) Tratar con atención y respeto a los ciudadanos, a sus superiores y a los restantes empleados públicos.
b) Informar a los ciudadanos sobre aquellas materias o asuntos que tengan derecho a conocer, y facilitar el ejercicio de sus derechos y el cumplimiento de sus obligaciones.
c) Ejercer sus atribuciones según el principio de dedicación al servicio público absteniéndose no solo de conductas contrarias al mismo, sino también de cualesquiera otras que comprometan la neutralidad en el ejercicio de los servicios públicos.
d) Garantizar la constancia y permanencia de los documentos para su transmisión y entrega a sus posteriores responsables.

17. Según el artículo 55.2 del EBEP, en la actuación de los órganos de selección se garantizará el cumplimiento del principio de independencia y:

a) Discreción técnica.
b) Imparcialidad.
c) Transparencia.
d) Agilidad.

18. Completar la siguiente frase: "Los empleados públicos tienen derecho a la negociación colectiva, representación y .... para la determinación de sus condiciones de trabajo":

a) Evaluación del desempeño.
b) Huelga.
c) Participación institucional.
d) Convenio.

19. Quedan excluidas de la obligatoriedad de la negociación colectiva:

a) Las normas que fijen los criterios y mecanismos generales en materia de evaluación del desempeño.

b) Los criterios generales para la determinación de prestaciones sociales y pensiones de clases pasivas.

c) Los criterios generales sobre ofertas de empleo público.

d) La determinación de condiciones de trabajo del personal directivo.

20. Las Juntas de Personal se constituirán en unidades electorales que cuenten con un censo mínimo de:

a) 15 funcionarios.
b) 25 funcionarios.
c) 30 funcionarios.
d) 50 funcionarios.

21. Tal y como señala el artículo 46 del EBEP, están legitimados para convocar una reunión los empleados públicos de las Administraciones respectivas en número no inferior:

a) Al 10 % del colectivo convocado.
b) Al 20 % del colectivo convocado.
c) Al 30 % del colectivo convocado.
d) Al 40 % del colectivo convocado.

22. A tenor del artículo 39 del EBEP los órganos específicos de representación de los funcionarios son:

a) Los Comités de Empresa y los Delegados de Prevención.
b) Los Delegados de Personal y las Juntas de Personal.
c) Las Mesas Generales de Negociación y las Mesas Sectoriales.
d) Los Comités de Personal y los Delegados de Servicio.

23. El mandato de los miembros de las Juntas de Personal y de los Delegados de Personal, en su caso, será de:

a) 3 años.
b) 4 años.
c) 5 años.
d) 7 años.

24. Según el Estatuto Básico del Empleado Público, el número máximo de representantes de una Junta de Personal es de:

a) 50.
b) 75.
c) 60.
d) 80.

25. Según el EBEP, el reglamento de una Junta de Personal y sus modificaciones deberán ser aprobados por los votos favorables de, al menos:

a) La mayoría simple de sus miembros.
b) La mayoría absoluta de sus miembros.
c) Tres quintos de sus miembros.
d) Dos tercios de sus miembros.

Solución al test n.º 2

1. b) Mediante un Texto Refundido.

2. d) 100 artículos.

3. b) 8 títulos.

4. a) Derechos y deberes. Código de conducta de los empleados públicos.

5. c) Aquello que es común al conjunto de los funcionarios de todas las Administraciones Públicas, más las normas legales específicas aplicables al personal laboral a su servicio.

6. d) Guardarán secreto de las materias clasificadas.

7. d) Ajustar su actuación a los principios de lealtad y buena fe con la Administración en la que presten sus servicios, y con sus superiores, compañeros, subordinados y con los ciudadanos.

8. c) La ética.

9. c) Diligencia.

10. c) Respeto.

11. b) Buena fe.

12. a) Economía.

13. c) Realizar el desempeño de las tareas correspondientes a su puesto de trabajo de forma diligente y cumpliendo la jornada y el horario establecidos.

14. d) Austeridad.

15. c) Sí, siempre que sea oficial en el territorio.

16. c) Ejercer sus atribuciones según el principio de dedicación al servicio público absteniéndose no solo de conductas contrarias al mismo, sino también de cualesquiera otras que comprometan la neutralidad en el ejercicio de los servicios públicos.

17. a) Discreción técnica.

18. c) Participación institucional.

19. d) La determinación de condiciones de trabajo del personal directivo.

20. d) 50 funcionarios.

21. d) Al 40 % del colectivo convocado.

22. b) Los Delegados de Personal y las Juntas de Personal.

23. b) 4 años.

24. b) 75.

25. d) Dos tercios de sus miembros.

TEST N.º 3

El régimen jurídico de la protección de datos de carácter personal: Disposiciones generales. Principios de la protección de datos. Derechos de las personas

1. El artículo 18.1 de la Constitución Española garantiza el derecho al honor, a la intimidad personal y familiar y a:

a) La protección de datos de carácter personal.
b) La confidencialidad.
c) La propia imagen.
d) El secreto profesional.

2. Cuando los plazos se señalen por días en el RGPD o en la LO 3/2018, se entiende que estos:

a) Son naturales.
b) Son hábiles, de lunes a sábado; excluyéndose del cómputo los domingos y los declarados festivos.
c) Son naturales; excluyéndose del cómputo los declarados festivos.
d) Son hábiles, excluyéndose del cómputo los sábados, los domingos y los declarados festivos.

3. El RGPD considera "destinatario":

a) A la persona física o jurídica, autoridad pública, servicio u otro organismo al que se comuniquen datos personales, siempre que se trate de un tercero.
b) A la persona física o jurídica, autoridad pública, servicio u otro organismo al que se comuniquen datos personales, se trate o no de un tercero.
c) A la autoridad pública que pueda recibir datos personales en el marco de una investigación concreta de conformidad con el Derecho de la Unión o de los Estados miembros.
d) A la persona física o jurídica, autoridad pública, servicio u organismo distinto del interesado, del responsable del tratamiento, del encargado del tratamiento y de las personas autorizadas para tratar los datos personales bajo la autoridad directa del responsable o del encargado.

4. El RGPD denomina a la autoridad pública independiente establecida por un Estado miembro:

a) Agencia Nacional de Protección de Datos.
b) Representante.
c) Autoridad de control.
d) Autoridad de referencia.

5. Cómo denomina el RGPD el tratamiento de datos personales de manera tal que ya no puedan atribuirse a un interesado sin utilizar información adicional, siempre que dicha información adicional figure por separado y esté sujeta a medidas técnicas y organizativas destinadas a garantizar que los datos personales no se atribuyan a una persona física identificada o identificable:

a) Seudonimización.
b) Anonimización.
c) Generalización.
d) Encriptación.

6. ¿Qué título de la LO 3/2018, de 5 de diciembre, de Protección de Datos Personales y garantía de los derechos digitales, se refiere a los principios de la protección de datos?

a) Título I.
b) Título II.
c) Título III.
d) Título IV.

7. Respecto a la naturaleza de la LO 3/2018, de 5 de diciembre, de Protección de Datos Personales y garantía de los derechos digitales:

a) Todo su articulado tiene carácter de ley orgánica.
b) Los títulos I a V tienen carácter de ley orgánica y los títulos restantes, carácter de ley ordinaria.
c) Los títulos I a X tienen carácter de ley orgánica, mientras que las disposiciones adicionales, transitorias, derogatoria y finales tienen carácter de ley ordinaria.
d) Algunos títulos, artículos y disposiciones tienen carácter de ley ordinaria.

8. Lo dispuesto en los Títulos I a IX y en los artículos 89 a 94 de la LO 3/2018 se aplica:

a) Al tratamiento no automatizado de datos personales contenidos o destinados a ser incluidos en un fichero.
b) A los tratamientos excluidos del ámbito del RGPD.
c) A los tratamientos de datos de personas fallecidas.
d) A los tratamientos sometidos a la normativa sobre protección de materias clasificadas.

9. En virtud de qué principio previsto por el Reglamento General de Protección de Datos, los datos personales serán adecuados, pertinentes y limitados a lo necesario en relación con los fines para los que son tratados:

a) Principio de exactitud.
b) Principio de limitación de la finalidad.
c) Principio de responsabilidad proactiva.
d) Principio de minimización de datos.

10. En relación al consentimiento, el Reglamento General de Protección de Datos dispone que:

a) El consentimiento puede deducirse del silencio o de la inacción de los ciudadanos.
b) Se permite el llamado consentimiento tácito.
c) No es admisible el consentimiento del interesado dado en el contexto de una declaración escrita que también se refiera a otros asuntos.
d) Quienes recopilen datos personales deben ser capaces de demostrar que el afectado les otorgó su consentimiento.

11. Conforme al artículo 3 de la LO 3/2018, las personas vinculadas al fallecido por razones familiares o de hecho así como sus herederos:

a) No podrán dirigirse al responsable o encargado del tratamiento para solicitar el acceso a los datos personales de aquella, si no es por vía judicial.
b) Sólo podrán dirigirse al encargado del tratamiento, siempre que sea con objeto de rectificar datos manifiestamente falsos.
c) Podrán dirigirse al responsable o encargado del tratamiento siempre que sea con objeto de solicitar la supresión de los datos personales de aquella sin posibilidad de acceder a ellos.
d) Podrán dirigirse al responsable o encargado del tratamiento al objeto de solicitar el acceso a los datos personales de aquella y, en su caso, su rectificación o supresión.

12. El artículo 4 de la LO 3/2018 señala que, conforme al artículo 5.1.d) del Reglamento (UE) 2016/679, los datos serán exactos y, si fuere necesario:

a) Actualizados.
b) Aproximados.
c) Normalizados.
d) Digitalizados.

13. Toda persona cuya identidad pueda determinarse, directa o indirectamente, en particular mediante un identificador, como por ejemplo un nombre, un número de identificación, datos de localización, un identificador en línea o uno o varios elementos propios de la identidad física, fisiológica, genética, psíquica, económica, cultural o social de dicha persona, se considerará persona física:

a) Identificable.
b) Fichada.
c) Legal.
d) Tratable.

14. Los datos personales serán tratados de tal manera que se garantice una seguridad adecuada de los mismos, incluida la protección contra el tratamiento no autorizado o ilícito y contra su pérdida, destrucción o daño accidental, mediante la aplicación de medidas técnicas u organizativas apropiadas; todo ello en virtud del principio de:

a) Responsabilidad proactiva.
b) Integridad y confidencialidad.
c) Limitación de la finalidad.
d) Licitud, lealtad y transparencia.

15. Conforme al principio de limitación de la finalidad, los datos personales serán recogidos con fines determinados, explícitos y:

a) Limitados.
b) Transparentes.
c) Compatibles.
d) Legítimos.

16. El derecho a la portabilidad de los datos:

a) Se podrá aplicar a los tratamientos que sean necesario para el cumplimiento de una misión realizada en interés público o en el ejercicio de poderes públicos conferidos al responsable del tratamiento.
b) A diferencia de otros derechos, podrá afectar negativamente a los derechos y libertades de otros.
c) Supone la obligación de que, en todo caso, los datos personales se transmitan directamente de responsable a responsable.
d) Requiere que el tratamiento se efectúe por medios automatizados.

17. El tratamiento de datos personales solo podrá considerarse fundado en el cumplimiento de una misión realizada en interés público o en el ejercicio de poderes públicos conferidos al responsable cuando derive de una competencia atribuida por:

a) Una norma con rango de ley.
b) El Reglamento General de Protección de Datos.
c) La Ley Orgánica 3/2018, de 5 de diciembre, de Protección de Datos Personales y garantía de los derechos digitales.
d) Un Reglamento.

18. Conforme al artículo 9 de la LO 3/2018, de 5 de diciembre, de Protección de Datos Personales y garantía de los derechos digitales, cuál de los siguientes tratamientos de datos fundados en el Derecho español deberá estar amparado en una norma con rango de ley:

a) Tratamiento necesario con fines de archivo en interés público, fines de investigación científica o histórica.

b) Tratamiento efectuado, en el ámbito de sus actividades legítimas y con las debidas garantías, por una fundación, una asociación o cualquier otro organismo sin ánimo de lucro, cuya finalidad sea política, filosófica, religiosa o sindical, siempre que el tratamiento se refiera exclusivamente a los miembros actuales o antiguos de tales organismos o a personas que mantengan contactos regulares con ellos en relación con sus fines y siempre que los datos personales no se comuniquen fuera de ellos sin el consentimiento de los interesados

c) Tratamiento necesario para fines de medicina preventiva o laboral, evaluación de la capacidad laboral del trabajador, diagnóstico médico, prestación de asistencia o tratamiento de tipo sanitario o social, o gestión de los sistemas y servicios de asistencia sanitaria y social.

d) Tratamiento referido a datos personales que el interesado ha hecho manifiestamente públicos.

19. Cuando las solicitudes de ejercicio de los derechos de un interesado en un tratamiento de datos de carácter personal sean manifiestamente infundadas o excesivas, especialmente debido a su carácter repetitivo, el responsable del tratamiento podrá cobrar un canon razonable en función de los costes administrativos afrontados para facilitar la información o la comunicación o realizar la actuación solicitada. A menos que exista causa legítima para ello, se podrá considerar repetitivo el ejercicio del derecho de acceso en más de una ocasión durante el plazo de (a partir de):

a) 3 meses.
b) 6 meses.
c) 10 meses.
d) 1 año.

20. Conforme al artículo 16 del RGPD, teniendo en cuenta los fines del tratamiento, el interesado tendrá derecho a que se completen los datos personales que sean incompletos, inclusive mediante:

a) Levantamiento de acta.
b) Certificación de modificación.
c) Una declaración adicional.
d) Elaboración de anexos.

21. Conforme al artículo 5.1 de la LO 3/2018, estarán sujetas al deber de confidencialidad:

a) Únicamente los responsables del tratamiento.
b) Los responsables y encargados del tratamiento.
c) Los responsables y encargados del tratamiento de datos así como todas las personas que intervengan en cualquier fase de este.
d) Los responsables y encargados del tratamiento de datos así como todas las personas que intervengan en todas las fases de este.

22. Uno de los objetos de la Ley Orgánica 3/2018, de 5 de diciembre, de Protección de Datos Personales y garantía de los derechos digitales, es:

a) Adaptar el ordenamiento jurídico español al Reglamento General de Protección de Datos y completar sus disposiciones.

b) Establecer las normas relativas a la protección de las personas físicas en lo que respecta al tratamiento de los datos personales y las normas relativas a la libre circulación de tales datos.

c) Adaptar el Reglamento General de Protección de Datos al ordenamiento jurídico español y completar sus disposiciones.

d) Garantizar la seguridad de la transferencia de datos entre países de la Unión Europea.

23. En referencia al derecho de oposición, el artículo 21 del RGPD señala que:

a) Cuando el tratamiento de datos personales tenga por objeto la mercadotecnia directa, el interesado tendrá derecho a oponerse en todo momento al tratamiento de los datos personales que le conciernan.

b) A más tardar en el momento de la segunda comunicación con el interesado, el derecho de oposición será mencionado explícitamente al interesado y será presentado claramente y al margen de cualquier otra información.

c) Aun cuando el tratamiento de datos personales tenga por objeto la mercadotecnia directa, el interesado no podrá oponerse a la elaboración de perfiles relacionada con la citada mercadotecnia.

d) Los motivos legítimos para el tratamiento por parte del responsable del tratamiento no pueden prevalecer sobre los intereses, derechos y libertades del interesado.

24. En relación al derecho de acceso, el responsable del tratamiento debe facilitar una copia de los datos personales objeto de tratamiento. Cuando el afectado elija un medio distinto al que se le ofrece que suponga un coste desproporcionado:

a) La solicitud será considerada excesiva y, por lo tanto, no tenida en consideración.

b) El afectado asumirá parte del exceso de costes que su elección comporte.

c) En este caso, solo será exigible al responsable del tratamiento la satisfacción del derecho de acceso sin dilaciones indebidas.

d) Será cumplimentada gratuitamente y sin dilaciones indebidas.

25. Según el artículo 7.1 de la LO 3/2018, el tratamiento de los datos personales de un menor de edad únicamente podrá fundarse en su consentimiento cuando sea mayor de:

a) 12 años.
b) 13 años.
c) 14 años.
d) 16 años.

Solución al test n.º 3

1. c) La propia imagen.

2. d) Son hábiles, excluyéndose del cómputo los sábados, los domingos y los declarados festivos.

3. b) A la persona física o jurídica, autoridad pública, servicio u otro organismo al que se comuniquen datos personales, se trate o no de un tercero.

4. c) Autoridad de control.

5. a) Seudonimización.

6. b) Título II.

7. d) Algunos títulos, artículos y disposiciones tienen carácter de ley ordinaria.

8. a) Al tratamiento no automatizado de datos personales contenidos o destinados a ser incluidos en un fichero.

9. d) Principio de minimización de datos.

10. d) Quienes recopilen datos personales deben ser capaces de demostrar que el afectado les otorgó su consentimiento.

11. d) Podrán dirigirse al responsable o encargado del tratamiento al objeto de solicitar el acceso a los datos personales de aquella y, en su caso, su rectificación o supresión.

12. a) Actualizados.

13. a) Identificable.

14. b) Integridad y confidencialidad.

15. d) Legítimos.

16. d) Requiere que el tratamiento se efectúe por medios automatizados.

17. a) Una norma con rango de ley.

18. c) Tratamiento necesario para fines de medicina preventiva o laboral, evaluación de la capacidad laboral del trabajador, diagnóstico médico, prestación de asistencia o tratamiento de tipo sanitario o social, o gestión de los sistemas y servicios de asistencia sanitaria y social.

19. b) 6 meses.

20. c) Una declaración adicional.

21. c) Los responsables y encargados del tratamiento de datos así como todas las personas que intervengan en cualquier fase de este.

22. a) Adaptar el ordenamiento jurídico español al Reglamento General de Protección de Datos y completar sus disposiciones.

23. a) Cuando el tratamiento de datos personales tenga por objeto la mercadotecnia directa, el interesado tendrá derecho a oponerse en todo momento al tratamiento de los datos personales que le conciernan.

24. c) En este caso, solo será exigible al responsable del tratamiento la satisfacción del derecho de acceso sin dilaciones indebidas.

25. c) 14 años.

TEST N.º 4

El Procedimiento Administrativo Común de las Administraciones Públicas: Disposiciones Generales. Cómputo de plazos. Objeto y plazos de los recursos administrativos. El Régimen Jurídico del Sector Público: Disposiciones Generales

1. Según el artículo 3 de la Ley 40/2015, uno de los principios de acuerdo con los que actúa la Administración Pública es el de buena fe, confianza legítima y:

a) Lealtad institucional.
b) Proximidad a los ciudadanos.
c) Servicio efectivo a los ciudadanos.
d) Responsabilidad.

2. Según el artículo 3 de la Ley 40/2015, uno de los principios de acuerdo con los que actúa la Administración Pública es el de simplicidad, claridad y:

a) Economía.
b) Eficacia.
c) Proximidad a los ciudadanos.
d) Racionalización.

3. Según el artículo 3 de la Ley 40/2015, uno de los principios de acuerdo con los que actúa la Administración Pública es el de participación, objetividad y:

a) Transparencia de la actuación administrativa.
b) Evaluación de los resultados.
c) Adecuación estricta de los medios a los fines institucionales.
d) Colaboración.

4. Según el artículo 8 de la LPACAP (Ley 39/2015), si durante la instrucción de un procedimiento se advierte la existencia de personas que sean titulares de derechos o intereses legítimos y directos cuya identificación resulte del expediente y que puedan resultar afectados por la resolución que se dicte:

a) Se comunicará a dichas personas la tramitación del procedimiento si éste no ha tenido publicidad.

b) Se suspenderá el procedimiento hasta que se les comunique el estado del procedimiento y se les dé un plazo para presentar alegaciones.

c) Se seguirá adelante con el procedimiento sin más.

d) Se les comunicará y se volverá a iniciar el procedimiento.

5. Señala cuál de los siguientes no es uno de los objetivos de la Ley 40/2015, de 1 de octubre, del Régimen Jurídico del Sector Público:

a) Regular las bases del régimen jurídico de las Administraciones Públicas.

b) Establecer los principios del sistema de responsabilidad de las Administraciones Públicas y de la potestad sancionadora.

c) Establecer la organización y funcionamiento de la Administración General del Estado y de su sector público institucional para el desarrollo de sus actividades.

d) Regular los principios a los que se ha de ajustar el ejercicio de la iniciativa legislativa y la potestad reglamentaria.

6. Las Administraciones Públicas sirven con objetividad:

a) Los intereses generales.

b) Las políticas del Gobierno.

c) Los valores superiores.

d) Los derechos y deberes fundamentales.

7. Las Administraciones Públicas actúan con sometimiento pleno a la Constitución, a la Ley y a:

a) Los Tratados Internacionales.

b) Los Derechos Humanos.

c) El Rey.

d) El Derecho.

8. Las Administraciones Públicas que, en el ejercicio de sus respectivas competencias, establezcan medidas que limiten el ejercicio de derechos individuales o colectivos o exijan el cumplimiento de requisitos para el desarrollo de una actividad, deberán aplicar el principio de:

a) Reciprocidad.

b) Imparcialidad.

c) Proporcionalidad.

d) Independencia.

9. De los siguientes, ¿cuál no es un requisito exigido para la creación de cualquier órgano administrativo?

a) Determinación de su forma de integración en la Administración Pública de que se trate y su dependencia jerárquica.

b) Delimitación de sus funciones y competencias.

c) Dotación de los créditos necesarios para su puesta en marcha y funcionamiento.

d) Identificación de los órganos con los que vayan a causar duplicación de competencias.

10. En cuanto a la competencia de los órganos administrativos:

a) La competencia es renunciable por los órganos que la tengan atribuida.

b) La titularidad y el ejercicio de las competencias atribuidas a los órganos administrativos no podrán ser desconcentradas en otros jerárquicamente dependientes de aquellos.

c) La encomienda de gestión, la delegación de firma y la suplencia no suponen alteración de la titularidad de la competencia, aunque sí de los elementos determinantes de su ejercicio que en cada caso se prevén.

d) Si alguna disposición atribuye competencia a una Administración, sin especificar el órgano que debe ejercerla, se entenderá que la facultad de instruir y resolver los expedientes corresponde a los órganos superiores competentes por razón de la materia y del territorio.

11. En referencia a los órganos administrativos, podrán delegar competencias relativas a:

a) Asuntos que se refieran a relaciones con la Jefatura del Estado.

b) La adopción de disposiciones de carácter general.

c) La resolución de recursos en los órganos administrativos que hayan dictado los actos objeto de recurso.

d) El ejercicio de la potestad sancionadora.

12. En relación a la delegación de competencias entre órganos administrativos, no es cierto que:

a) La delegación puede ser revocada en cualquier momento por el órgano que la haya conferido.

b) La delegación de competencias atribuidas a órganos colegiados, para cuyo ejercicio ordinario se requiera un quórum especial, deberá adoptarse observando, en todo caso, dicho quórum.

c) Las competencias que se ejercen por delegación pueden ser delegadas.

d) No podrán ser delegadas aquellas materias en que así se determine por norma con rango de ley.

13. En cuanto a la delegación de firma, es cierto que:

a) La delegación de firma altera la competencia del órgano delegante.

b) Para su validez es necesaria su publicación.

c) Solo puede delegarse la firma en materias que se ostenten por atribución.

d) En las resoluciones y actos que se firmen por delegación se hará constar la autoridad de procedencia.

14. En relación a los conflictos de atribuciones entre órganos administrativos, no es cierto que:

a) El órgano administrativo que se estime incompetente para la resolución de un asunto remitirá directamente las actuaciones al órgano que considere competente.

b) Los interesados que sean parte en el procedimiento podrán dirigirse al órgano que se encuentre conociendo de un asunto para que decline su competencia y remita las actuaciones al órgano competente.

c) Los interesados podrán dirigirse al órgano que estimen competente para que requiera de inhibición al que esté conociendo del asunto.

d) Los conflictos de atribuciones solo podrán suscitarse entre órganos de una misma Administración relacionados jerárquicamente.

15. En relación a las instrucciones y órdenes de servicio, no es cierto que:

a) El incumplimiento de las instrucciones u órdenes de servicio supone la invalidez de los actos dictados por los órganos administrativos.

b) Son normas de carácter interno, que no han de afectar a los administrados.

c) No requieren un especial procedimiento de elaboración.

d) Su cumplimiento se subordina al conocimiento de las mismas por sus destinatarios.

16. Señala la opción incorrecta. Las autoridades y el personal al servicio de las Administraciones se abstendrán de intervenir en el procedimiento:

a) Cuando tengan interés personal en el asunto de que se trate o en otro en cuya resolución pudiera influir la de aquel.

b) Si tienen parentesco de consanguinidad o de afinidad dentro del cuarto grado, con cualquiera de los interesados.

c) Tener amistad íntima con los administradores de entidades o sociedades interesadas o con los asesores, representantes legales o mandatarios que intervengan en el procedimiento.

d) Haber tenido intervención como perito o como testigo en el procedimiento de que se trate.

17. Señala la opción correcta en relación con la abstención en el procedimiento:

a) La actuación de autoridades y personal al servicio de las Administraciones Públicas en los que concurran motivos de abstención implicará, necesariamente, la invalidez de los actos en que hayan intervenido.

b) Los órganos jerárquicamente superiores podrán ordenar a las personas en quienes se dé alguna de las circunstancias señaladas en el art. 23 de la LRJSP que se abstengan de toda intervención en el expediente.

c) La no abstención en los casos en que proceda no dará lugar a responsabilidad.

d) La enemistad manifiesta no es motivo de abstención en el procedimiento de una autoridad de la Administración Pública.

18. En lo concerniente a la recusación, a la que se refiere el art. 24 de la LRJSP:

a) La recusación deberá promoverse por los interesados antes de que se inicie la tramitación del procedimiento.

b) La recusación se planteará por escrito en el que se expresará la causa o causas en que se funda.

c) Si el recusado niega la causa de recusación, el superior resolverá en el plazo de tres meses, previos los informes y comprobaciones que considere oportunos.

d) Contra las resoluciones adoptadas en esta materia cabe recurso de alzada.

19. Los órganos administrativos podrán dirigir las actividades de sus órganos jerárquicamente dependientes mediante:

a) Instrucciones y Órdenes de servicio.

b) Circulares.

c) Notas de servicio y Recomendaciones.

d) Directrices y Avisos.

20. Según el artículo 7 de la LRJSP, la Administración consultiva podrá articularse a través de los servicios de la Administración activa que prestan asistencia jurídica. En tal caso, dichos servicios:

a) Estarán sujetos a dependencia jerárquica orgánica pero no funcional.

b) No podrán recibir instrucciones, directrices o cualquier clase de indicación de los órganos que hayan elaborado las disposiciones o producido los actos objeto de consulta.

c) Podrán actuar como órganos individuales o como órganos colegiados.

d) Podrán suponer duplicación de otros ya existentes para tener la posibilidad de contrastar pareceres.

21. Los órganos administrativos podrán dirigir las actividades de sus órganos jerárquicamente dependientes mediante instrucciones y órdenes de servicio, conforme al artículo 6 de la Ley 40/2015, de Régimen Jurídico del Sector Público. ¿Cuál de las afirmaciones siguientes es adecuada con relación a las mismas?

a) El incumplimiento de las instrucciones u órdenes de servicio determina por si solo la invalidez del acto dictado.

b) El incumplimiento de las instrucciones u órdenes de servicio dará lugar en todo caso a responsabilidad disciplinaria.

c) Para que surtan eficacia las instrucciones y órdenes de servicio se publicarán siempre en el boletín oficial que corresponda.

d) Ninguna es correcta.

22. Conforme al artículo 11 de la Ley 40/2015, de Régimen Jurídico de las Administraciones Públicas las encomiendas de gestión se podrán efectuar:

a) Con órganos de la misma o de distinta Administración.

b) Con Entidades de Derecho Público siempre que sean de distinta Administración.

c) Con Entidades de Derecho Privado siempre que sean de la misma Administración.
d) Todas son correctas.

23. La sede electrónica, según la Ley 40/2015, de 1 de octubre, de Régimen Jurídico del Sector Público, es:

a) El punto de acceso electrónico cuya titularidad corresponde a la Administración pública, organismo o entidad de Derecho Público que permite el acceso a través de internet a la información publicada.

b) Aquella dirección electrónica disponible para los ciudadanos a través de las redes de telecomunicaciones cuya titularidad corresponde a una Administración Pública, o bien a una o varios organismos públicos o entidades de Derecho Público en el ejercicio de sus competencias.

c) Es un sistema de firma electrónica.

d) Es el medio o soporte en el que se almacenan los documentos utilizados en actuaciones administrativas.

24. De acuerdo con el artículo 32 de la ley 40/2015, de 1 de octubre, de Régimen Jurídico del Sector Público, la anulación en vía administrativa o por el orden jurisdiccional contencioso administrativo de los actos o disposiciones administrativas:

a) No presupone, por sí misma, derecho a la indemnización.
b) Presupone, por sí misma, derecho a la indemnización.
c) Solo se puede anular en vía administrativa.
d) Ninguna es correcta.

25. Establece la Ley 40/2015, de Régimen Jurídico del Sector Público, que las Administraciones Públicas deberán respetar en su actuación y relaciones una serie de principios. ¿Cuál de las siguientes opciones es incorrecta en relación con tales principios?

a) Planificación y dirección por objetivos y control de la gestión y evaluación de los resultados de las políticas públicas.
b) Eficiencia en la asignación y utilización de los recursos públicos.
c) Participación, subjetividad y transparencia de la actuación administrativa.
d) Todas son correctas.

26. Según la Ley 40/2015, de Régimen Jurídico del Sector Público, la titularidad y el ejercicio de las competencias atribuidas a los órganos administrativos podrán ser desconcentradas:

a) En otros órganos jerárquicamente independientes de aquellos.
b) En otros órganos jerárquicamente dependientes de aquellos.
c) No cabe la desconcentración de competencias en otros órganos administrativos.
d) Ninguna es correcta.

27. Cuando la Administración debe indemnizar a un particular por un daño que le ha ocasionado al desarrollar legalmente un servicio público, estamos ante un supuesto:

a) Incluido en la teoría de la indemnización.
b) Incluido en la teoría de la responsabilidad.
c) Que no puede darse en la realidad.
d) En el que no cabe dicha indemnización.

28. Para estar obligado a indemnizar no es necesario que el daño sea:

a) Efectivo.
b) Evaluable económicamente.
c) Individualizado.
d) General.

29. Si un particular sufre una merma en su patrimonio como consecuencia de la actividad legal de la Administración Pública, estando obligado a soportarlo:

a) Tiene derecho a ser indemnizado.
b) Se le indemnizará, pero con una moderación en la cuantía.
c) Al tratarse de una actividad legal, se aplica la teoría de la indemnización.
d) No tiene derecho alguno a indemnización.

30. Se define como "dirección electrónica disponible para los ciudadanos a través de redes de telecomunicaciones cuya titularidad, gestión y administración corresponde a una Administración Pública, órgano o entidad administrativa en el ejercicio de sus competencias":

a) Sede electrónica.
b) Administración electrónica.
c) Página web de una Administración Pública.
d) Estándar abierto.

31. ¿En qué caso podrá ser objeto de ampliación un plazo ya vencido?

a) En los procedimientos tramitados por las misiones diplomáticas y oficinas consulares.
b) En aquellos que, sustanciándose en el interior, exijan cumplimentar algún trámite en el extranjero o en los que intervengan interesados residentes fuera de España.
c) Siempre que así lo considere oportuno, y lo fundamente, el Instructor del procedimiento.
d) En ningún caso.

32. Cuando se conceda, a instancias de un particular, una ampliación de los plazos, esta no debe exceder de:

a) Diez días.
b) La mitad del plazo.

c) Un tiempo igual al del plazo de que se trate.
d) Tres meses en cualquier caso.

33. La iniciación de los plazos se produce:

a) Al día siguiente de la notificación del acto.
b) El mismo día de la notificación o publicación del acto.
c) Depende de los casos.
d) Desde el primer día hábil en que se produce la notificación.

34. Contra actos que no agotan la vía administrativa podrá interponerse:

a) Reclamación económico-administrativa.
b) Recurso de alzada.
c) Recurso de reposición.
d) Recurso de revisión.

35. Contra los actos firmes en vía administrativa:

a) Podrá interponerse recurso de reposición.
b) Podrá interponerse recurso de alzada.
c) Podrá interponerse recurso de revisión.
d) No podrá interponerse recurso administrativo alguno.

36. El recurso de alzada se interpondrá ante:

a) El órgano que dictó el acto.
b) El órgano superior jerárquico del que dictó el acto.
c) Ante el órgano jurisdiccional contencioso-administrativo.
d) El Defensor del Pueblo.

37. Si el acto fuera expreso, el plazo para la interposición del recurso de reposición es de:

a) Un mes.
b) Dos meses.
c) Tres meses.
d) Seis meses.

38. El recurso extraordinario de revisión contra actos firmes en vía administrativa que al dictarlos se hubiera incurrido en error de hecho que resulte de los propios documentos incorporados al expediente, se interpondrá dentro del plazo, a contar desde la fecha de la notificación de la resolución impugnada, de:

a) 3 meses.
b) 6 meses.

c) 1 año.
d) 4 años.

39. El recurso extraordinario de revisión se entenderá desestimado, transcurrido desde la interposición del mismo sin haberse dictado y notificado la resolución, un plazo de:

a) 1 mes.
b) 3 meses.
c) 6 meses.
d) 1 año.

40. Según la LPACAP, ¿podrán los interesados interponer recursos de alzada y potestativo de reposición contra los actos de trámite?

a) Sí, en cualquier caso.
b) Sí, cuando estos decidan directa o indirectamente sobre el fondo del asunto, determinen la imposibilidad de continuar el procedimiento, produzcan indefensión o perjuicio irreparable a derechos e intereses legítimos.
c) Únicamente cuando produzcan indefensión.
d) Únicamente cuando un juez lo permita.

41. Uno de los objetivos de la Ley 39/2015, de 1 de octubre, del Procedimiento Administrativo Común de las Administraciones Públicas, es:

a) Regular las bases del régimen jurídico de las Administraciones Públicas.
b) Establecer los principios del sistema de responsabilidad de las Administraciones Públicas y de la potestad sancionadora.
c) Establecer la organización y funcionamiento de la Administración General del Estado y de su sector público institucional para el desarrollo de sus actividades.
d) Regular los principios a los que se ha de ajustar el ejercicio de la iniciativa legislativa y la potestad reglamentaria.

42. Señala, de las siguientes respuestas, cuál es correcta según el artículo 2 de la LPACAP:

a) Las Universidades Públicas tienen la consideración de Administración Pública.
b) Las Entidades que integran la Administración Local forman parte del sector público institucional.
c) Cualquier organismo público y entidad de derecho público vinculado o dependiente de una Administración Pública tiene la consideración de Administración Pública.
d) Las Administraciones de las Comunidades Autónomas forman parte de la Administración General del Estado.

43. Ateniéndose al artículo 3 de la LPACAP, ¿tienen capacidad de obrar los grupos de afectados?

a) No, la capacidad de obrar es individual.
b) Sí, cuando la ley así lo declare expresamente.
c) Sí, si la ley no lo deniega expresamente.
d) Sí, en cualquier caso.

44. Se consideran interesados en el procedimiento:

a) Quienes lo promuevan, aunque no tengan un interés legítimo ni sean titulares de algún derecho.
b) Aquellos cuyos intereses legítimos, individuales o colectivos, puedan resultar afectados por la resolución aunque haya recaído ya la resolución definitiva.
c) Los que, sin haber iniciado el procedimiento, tengan derechos que puedan resultar afectados por la decisión que en el mismo se adopte.
d) Cualquier persona física o jurídica que ostente capacidad de obrar con arreglo a las normas civiles.

45. En caso de representación de otras personas ante las Administraciones Públicas, no es necesario acreditar la representación:

a) Para actos de mero trámite.
b) Para formular solicitudes.
c) Para interponer recursos.
d) Para renunciar a derechos en nombre de otra persona.

46. Cuando en una solicitud, escrito o comunicación figure una pluralidad de interesados sin que se haya fijado un representante, o cuál de ellos les representa, las actuaciones a que den lugar se efectuarán:

a) Con todos ellos.
b) Con quien decida el órgano administrativo.
c) Con cualquiera de ellos aleatoriamente.
d) Con el que figure en primer término.

47. El recurso de alzada:

a) Debe interponerse ante el órgano que dictó el acto.
b) Podrá interponerse ante el órgano que dictó el acto que se impugna.
c) Se debe resolver en un mes.
d) Ninguna es correcta.

48. Si el recurso de alzada se hubiera interpuesto ante el órgano que dictó el acto impugnado:

a) Este deberá remitirlo al competente en el plazo de diez días, con su informe y con una copia completa y ordenada del expediente.

b) Este podrá remitirlo al competente en cualquier momento.

c) Podrá resolver en el plazo de diez días.

d) Ninguna es correcta.

49. ¿Qué recurso cabe contra la resolución de un recurso de alzada?

a) Nuevo recurso de alzada.

b) Recurso potestativo de reposición.

c) No cabe otro recurso, salvo el extraordinario de revisión, en los casos establecidos en el artículo 125.1. de la Ley.

d) Ninguna es correcta.

50. Contra los actos firmes en vía administrativa podrá interponerse el recurso extraordinario de revisión ante el órgano administrativo que los dictó, que también será el competente para su resolución, cuando concurra alguna de las circunstancias siguientes:

a) Que al dictarlos se hubiera incurrido en error de hecho, que resulte de los propios documentos incorporados al expediente.

b) Que aparezcan documentos de valor esencial para la resolución del asunto que, aunque sean posteriores, evidencien el error de la resolución recurrida.

c) Que en la resolución hayan influido esencialmente documentos o testimonios declarados falsos por sentencia judicial firme, anterior o posterior a aquella resolución.

d) Todas son correctas.

Solución al test n.º 4

1. a) Lealtad institucional.

2. c) Proximidad a los ciudadanos.

3. a) Transparencia de la actuación administrativa.

4. a) Se comunicará a dichas personas la tramitación del procedimiento si éste no ha tenido publicidad.

5. d) Regular los principios a los que se ha de ajustar el ejercicio de la iniciativa legislativa y la potestad reglamentaria.

6. a) Los intereses generales.

7. d) El Derecho.

8. c) Proporcionalidad.

9. d) Identificación de los órganos con los que vayan a causar duplicación de competencias.

10. c) La encomienda de gestión, la delegación de firma y la suplencia no suponen alteración de la titularidad de la competencia, aunque sí de los elementos determinantes de su ejercicio que en cada caso se prevén.

11. d) El ejercicio de la potestad sancionadora.

12. c) Las competencias que se ejercen por delegación pueden ser delegadas.

13. d) En las resoluciones y actos que se firmen por delegación se hará constar la autoridad de procedencia.

14. d) Los conflictos de atribuciones sólo podrán suscitarse entre órganos de una misma Administración relacionados jerárquicamente.

15. a) El incumplimiento de las instrucciones u órdenes de servicio supone la invalidez de los actos dictados por los órganos administrativos.

16. b) Si tienen parentesco de consanguinidad o de afinidad dentro del cuarto grado, con cualquiera de los interesados.

17. b) Los órganos jerárquicamente superiores podrán ordenar a las personas en quienes se dé alguna de las circunstancias señaladas en el art. 23 de la LRJSP que se abstengan de toda intervención en el expediente.

18. b) La recusación se planteará por escrito en el que se expresará la causa o causas en que se funda.

19. a) Instrucciones y Órdenes de servicio.

20. b) No podrán recibir Instrucciones, directrices o cualquier clase de indicación de los órganos que hayan elaborado las disposiciones o producido los actos objeto de consulta.

21. c) Para que surtan eficacia las instrucciones y órdenes de servicio se publicarán siempre en el boletín oficial que corresponda.

22. a) Con órganos de la misma o de distinta Administración.

23. b) Aquella dirección electrónica disponible para los ciudadanos a través de las redes de telecomunicaciones cuya titularidad corresponde a una Administración Pública, o bien a una o varios organismos públicos o entidades de Derecho Público en el ejercicio de sus competencias.

24. a) No presupone, por sí misma, derecho a la indemnización.

25. c) Participación, subjetividad y transparencia de la actuación administrativa.

26. b) En otros órganos jerárquicamente dependientes de aquellos.

27. a) Incluido en la teoría de la indemnización.

28. d) General.

29. d) No tiene derecho alguno a indemnización.

30. a) Sede electrónica.

31. d) En ningún caso.

32. b) La mitad del plazo.

33. a) Al día siguiente de la notificación del acto.

34. b) Recurso de alzada.

35. c) Podrá interponerse recurso de revisión.

36. b) El órgano superior jerárquico del que dictó el acto.

37. a) Un mes.

38. d) 4 años.

39. b) 3 meses.

40. b) Sí, cuando estos decidan directa o indirectamente sobre el fondo del asunto, determinen la imposibilidad de continuar el procedimiento, produzcan indefensión o perjuicio irreparable a derechos e intereses legítimos.

41. d) Regular los principios a los que se ha de ajustar el ejercicio de la iniciativa legislativa y la potestad reglamentaria.

42. c) Cualquier organismo público y entidad de derecho público vinculado o dependiente de una Administración Pública tiene la consideración de Administración Pública.

43. b) Sí, cuando la ley así lo declare expresamente.

44. c) Los que, sin haber iniciado el procedimiento, tengan derechos que puedan resultar afectados por la decisión que en el mismo se adopte.

45. a) Para actos de mero trámite.

46. d) Con el que figure en primer término.

47. b) Podrá interponerse ante el órgano que dictó el acto que se impugna.

48. a) Este deberá remitirlo al competente en el plazo de diez días, con su informe y con una copia completa y ordenada del expediente.

49. c) No cabe otro recurso, salvo el extraordinario de revisión, en los casos establecidos en el artículo 125.1. de la Ley.

50. d) Todas son correctas.

TEST N.º 5

Ley 14/86 General de Sanidad. Ley 6/2002 de Salud de Aragón. Principios generales, estructura, contenidos. Ley 16/2003 de Cohesión y Calidad del Sistema Nacional de Salud. Principios generales, estructura, contenidos

1. ¿Qué norma regula los aspectos básicos de las profesiones sanitarias tituladas en lo que se refiere a su ejercicio por cuenta propia o ajena, a la estructura general de la formación de los profesionales, al desarrollo profesional de éstos y a su participación en la planificación y ordenación de las profesiones sanitarias?

a) La Ley 41/2002, de 14 de noviembre.
b) La Ley 16/2003, de 28 de mayo.
c) La Ley 44/2003, de 21 de noviembre.
d) La Ley 15/1997, de 25 de abril.

2. ¿De cuántos artículos consta la Ley 14/1986 de 25 de abril, General de Sanidad?

a) 109.
b) 111.
c) 113.
d) 116.

3. La Ley 14/1986 de 25 de abril, General de Sanidad, se estructura en:

a) Un Título Preliminar, siete Títulos, diez Disposiciones Adicionales, seis Disposiciones Transitorias, dos Disposiciones Derogatorias y dieciséis Disposiciones Finales.
b) Un Título Preliminar, seis Títulos, diez Disposiciones Adicionales, siete Disposiciones Transitorias, dos Disposiciones Derogatorias y dieciséis Disposiciones Finales.
c) Un Título Preliminar, siete Títulos, diez Disposiciones Adicionales, siete Disposiciones Transitorias, tres Disposiciones Derogatorias y dieciséis Disposiciones Finales.
d) Un Título Preliminar, siete Títulos, diez Disposiciones Adicionales, seis Disposiciones Transitorias, tres Disposiciones Derogatorias y dieciséis Disposiciones Finales.

4. ¿Qué artículo de nuestra Carta Magna proclama que "corresponde a los poderes públicos promover las condiciones para que la libertad y la igualdad del individuo y de los grupos en que se integra sean reales y efectivas; remover los obstáculos que impidan o dificulten su plenitud, y facilitar la participación de todos los ciudadanos en la vida política, económica, cultural y social"?

a) El art. 9.1.
b) El art. 9.2.
c) El art. 43.1.
d) El art. 43.3.

5. La Ley 14/1986, de 25 de abril, General de Sanidad, establece que las piezas básicas de los Servicios de Salud de las Comunidades Autónomas son:

a) Las Áreas de Salud.
b) Los Distritos Sanitarios.
c) Las Comarcas Sanitarias.
d) Las Zonas de Salud.

6. La Ley 14/1986, de 25 de abril, General de Sanidad, tiene como objeto la regulación general de todas las acciones que permitan hacer efectivo el derecho a la protección de la salud reconocido en el artículo:

a) 15 de la Constitución Española.
b) 19 de la Constitución Española.
c) 33 de la Constitución Española.
d) 43 de la Constitución Española.

7. Las Áreas de Salud se delimitan teniendo en cuenta factores:

a) Climatológicos y de dotación de vías y medios de comunicación.
b) Geográficos y demográficos.
c) Socioeconómicos y culturales.
d) Todas las respuestas son correctas.

8. Como regla general el área de salud extenderá su acción a una población:

a) No inferior a 100.000 habitantes ni superior a 150.000.
b) No inferior a 200.000 habitantes ni superior a 250.000.
c) No inferior a 250.000 habitantes ni superior a 300.000.
d) No inferior a 300.000 habitantes ni superior a 500.000.

9. ¿Qué Comunidades Autónomas y/o Ciudades Autónomas se exceptúan de la regla que hemos visto en la pregunta anterior, pudiéndose acomodar a sus específicas peculiaridades?

a) Baleares, Ceuta y Melilla.
b) Baleares y Canarias.

c) Canarias, Ceuta y Melilla.

d) Baleares, Canarias, Ceuta y Melilla.

10. Según dispone al artículo 56.5 LGS, cada provincia tendrá, en todo caso y como mínimo:

a) Un área de salud.

b) Dos áreas de salud.

c) Tres áreas de salud.

d) Cuatro áreas de salud.

11. ¿Cómo se denomina el órgano de participación de las Áreas de Salud?

a) Consejo de salud de área.

b) Consejo de dirección de área.

c) Comisión de salud del área.

d) Comité de Participación del Área de Salud.

12. Los Consejos de salud de área estarán constituidos por:

a) Las organizaciones sindicales más representativas, en una proporción no inferior al 50 %, a través de los profesionales sanitarios titulados.

b) La representación de los ciudadanos a través de las Corporaciones Locales comprendidas en su demarcación, que supondrá el 25 % de sus miembros.

c) La Administración sanitaria del área de salud.

d) Todas las respuestas son correctas.

13. El Gerente del área de salud será nombrado y cesado por la dirección del servicio de salud de la Comunidad Autónoma, a propuesta de:

a) El Consejo de dirección del área.

b) El Consejo de salud del área.

c) La Consejería de Sanidad de la Comunidad Autónoma.

d) El Consejo de Gerencia de la zona.

14. ¿A quién corresponde, según dispone el art. 60.3 LGS, presentar los anteproyectos del Plan de Salud y de sus adaptaciones anuales así como el proyecto de memoria anual del área de salud?

a) Al Consejo de salud del área.

b) Al Consejo de dirección del área.

c) Al Gerente del área de salud.

d) A las Consejerías de Sanidad de las Comunidades Autónomas.

15. Señala cuál de las siguientes es una de las funciones de los Consejos de Salud:

a) Conocer e informar el anteproyecto del Plan de Salud del área y de sus adaptaciones anuales.

b) Conocer e informar la memoria anual del área de salud.

c) Verificar la adecuación de las actuaciones en el área de salud a las normas y directrices de la política sanitaria y económica.

d) Todas las respuestas son correctas.

16. A tenor del art. 56.3 LGS, las Áreas de Salud serán dirigidas por un órgano propio, donde deberán participar las Corporaciones Locales en ellas situadas:

a) Con una representación no inferior al 30%, dentro de las directrices y programas generales sanitarios establecidos por la Comunidad Autónoma.

b) Con una representación no inferior al 40%, dentro de las directrices y programas generales sanitarios establecidos por la Comunidad Autónoma.

c) Con una representación no inferior al 30%, dentro de las directrices y programas generales sanitarios establecidos por el Ministerio de Sanidad.

d) Con una representación no inferior al 40%, dentro de las directrices y programas generales sanitarios establecidos por el Ministerio de Sanidad.

17. ¿Qué porcentaje de los miembros del Consejo de dirección representan a la Comunidad Autónoma?

a) El 60%.

b) El 50%.

c) El 40%.

d) El 25%.

18. Según el artículo 14 del Estatuto de Autonomía de Aragón (Ley Orgánica 5/2007, de 20 de abril), todas las personas tienen derecho a acceder a los servicios públicos de salud, en condiciones de igualdad, universalidad y:

a) Libertad.

b) Calidad.

c) Eficacia.

d) Gratuidad.

19. ¿En cuántos títulos se estructura la Ley 6/2002, de 15 de abril, de Salud de Aragón?

a) 7.

b) 5.

c) 9.
d) 12.

20. ¿Qué título de la Ley 6/2002, de Salud de Aragón, se refiere a los derechos de información sobre la salud y la autonomía del paciente?

a) Título II.
b) Título III.
c) Título V.
d) Título VI.

21. En el título IX de la Ley 6/2002, de Salud de Aragón se crea:

a) El Servicio Aragonés de Salud.
b) El Instituto Aragonés de Ciencias de la Salud.
c) El Banco de Sangre y Tejidos.
d) El Instituto Aragonés de Servicios Sociales.

22. Un principio general que inspira la Ley 6/2002, de Salud de Aragón, es la universalización de la atención sanitaria, garantizando la igualdad en las condiciones de acceso a los servicios y actuaciones sanitarias; asimismo, en cuanto a la asignación de los recursos establece la aplicación del principio de:

a) Confidencialidad.
b) Transparencia.
c) Responsabilidad.
d) Equidad.

23. Un principio general en que se inspira la Ley 6/2002, de Salud de Aragón, es la acreditación y evaluación continua de los dispositivos públicos y privados del Sistema de Salud de Aragón, a los efectos de la determinación de las condiciones de su funcionamiento, aplicando criterios objetivos y:

a) Transparentes.
b) Consensuados.
c) Homogéneos.
d) Cuantificables.

24. Son titulares de los derechos y deberes contemplados en la Ley 6/2002, de Salud de Aragón:

a) Aquellas personas que tengan su residencia en los municipios de la Comunidad Autónoma de Aragón.
b) Aquellas personas que hayan nacido en cualquiera de los municipios de la Comunidad Autónoma de Aragón.

c) Las personas que tengan la nacionalidad española.

d) Las personas que tengan alguna de las nacionalidades de los países que forman parte de la Unión Europea.

25. ¿A quién corresponde, según la Ley 6/2002, de Salud de Aragón, la elaboración del Plan de Salud de Aragón?

a) Al Consejo de Gobierno de la Comunidad Autónoma.

b) Al Servicio Aragonés de Salud.

c) Al Consejo de Salud de Aragón.

d) Al Departamento de Sanidad.

26. ¿Qué órgano informa el Plan de Salud de Aragón, previamente a su aprobación?

a) El Departamento de Sanidad.

b) El Consejo de Gobierno.

c) El Consejo de Salud de Aragón.

d) El Instituto Aragonés de Ciencias de la Salud.

27. Los centros, servicios y establecimientos sanitarios de la Comunidad Autónoma, de las Corporaciones Locales y de cualesquiera otras Administraciones Territoriales Intracomunitarias constituyen:

a) El Sistema de Salud de Aragón.

b) El Servicio Aragonés de Salud.

c) El Plan de Salud de Aragón.

d) La Red Sanitaria Pública.

28. El Servicio Aragonés de Salud es un organismo autónomo de naturaleza:

a) Asistencial.

b) Administrativa.

c) Financiera.

d) Jurídica.

29. El Sistema de Salud de Aragón, para el cumplimiento de sus objetivos, debe desarrollar, entre otras funciones, la adopción sistemática de acciones de promoción de la salud y educación sanitaria de la población para fomentar la prevención, el autocuidado, la rehabilitación y:

a) La reinserción.

b) El bienestar.

c) La protección.
d) La sostenibilidad.

30. Completa el enunciado de la frase con la palabra correspondiente. La base de todas las actuaciones de la Administración sanitaria de la Comunidad Autónoma de Aragón, en el ejercicio de las competencias legales atribuidas en materia de salud laboral, será la información, la formación y la................................. de empresarios y trabajadores a través de los cauces establecidos al efecto.

a) Representación.
b) Aprobación.
c) Participación.
d) Voluntad.

31. Es un órgano de participación en los centros hospitalarios del Sistema de Salud de Aragón:

a) La comisión de bienestar social.
b) El equipo multidisciplinar.
c) El consejo asesor de centro.
d) El comité ciudadano.

32. ¿Quién aprueba en Aragón los límites territoriales de las áreas de salud?

a) Las Cortes de Aragón.
b) El Consejo de Gobierno.
c) El titular del Departamento de Sanidad.
d) El Consejo de Salud de Aragón.

33. ¿Qué organo delimita en Aragón el territorio de las Zonas Básicas de Salud?

a) Las Cortes de Aragón.
b) El Consejo de Gobierno.
c) El Departamento de Sanidad.
d) El Consejo de Salud de Aragón.

34. La Ley 6/2002, de Salud, ¿de cuántos centros hospitalarios dispondrá cada Área de Salud de Aragón?

a) De uno.
b) Ordinariamente, de uno, y excepcionalmente, de dos.
c) De entre uno y cuatro.
d) Al menos de uno.

35. Los pacientes del sistema de salud de Aragón tienen derecho a negarse al tratamiento, excepto en los casos que suponga un riesgo para la salud pública o exista la posibilidad de ocasionar daños irreversibles o peligro de fallecimiento. Para ejercitar ese derecho el paciente deberá solicitar:

a) El consentimiento informado.
b) El alta voluntaria.
c) El respeto a sus últimas voluntades.
d) La designación de un representante.

36. Con respecto a la salud pública de la población, todas las personas al amparo de la Ley 6/2002, de Salud de Aragón, tendrán derecho a ser objeto del desarrollo de acciones orientadas a la misma y, en especial, a las relacionadas, entre otras, con la participación y acción comunitaria a través del fortalecimiento de:

a) Los órganos participativos.
b) Las asociaciones de consumidores.
c) Las plataformas de defensa de los derechos.
d) Las redes sociales.

37. El titular del derecho a la información clínica es:

a) El centro sanitario.
b) El sistema de salud.
c) El paciente.
d) El equipo médico.

38. En la región de Aragón, la competencia para imponer sanciones en cuantía de 30.050,62 hasta 210.354,23 euros en materia de sanidad la ostenta:

a) Los Directores Generales o asimilados.
b) El Consejero responsable de Salud.
c) El Gobierno de Aragón.
d) El Director Gerente del servicio de salud.

39. En Aragón, el documento en el que una persona con capacidad legal suficiente puede manifestar las opciones, expresas y previas, que, ante circunstancias clínicas que le impidan manifestar su voluntad, deberá respetar el personal sanitario responsable de su asistencia sanitaria, se denomina:

a) El consentimiento informado.
b) Instrucciones previas.
c) Voluntades anticipadas.
d) Designación de un representante.

40. Según la Ley 6/2002, de Salud de Aragón, al conjunto de documentos relativos al proceso asistencial del enfermo, en el que quedarán identificados los médicos y demás profesionales que hubieran intervenido, se denomina:

a) Datos sanitarios.
b) Historia clínica.
c) Documentación asistencial.
d) Expediente médico-administrativo.

41. El objeto de la Ley 16/2003 es establecer el marco legal para las acciones de coordinación y cooperación de las Administraciones públicas sanitarias, en el ejercicio de sus respectivas competencias, de modo que se garantice:

a) La eficacia, eficiencia, efectividad, seguridad y utilidad terapéuticas en el Sistema Nacional de Salud.
b) La equidad, la calidad y la participación social en el Sistema Nacional de Salud.
c) La cooperación, la calidad y la participación social en el Sistema Nacional de Salud.
d) La igualdad efectiva, la calidad y la cooperación en el Sistema Nacional de Salud.

42. El seguimiento de las acciones coordinación y cooperación de las Administraciones públicas sanitarias lo realiza:

a) El Consejo Interterritorial del Sistema Nacional de Salud y la Alta Inspección.
b) El Observatorio del Sistema Nacional de Salud y el Consejo Interterritorial del Sistema Nacional de Salud.
c) El Observatorio del Sistema Nacional de Salud y la Alta Inspección.
d) La Agencia de Calidad del Sistema Nacional de Salud y el Consejo Interterritorial del Sistema Nacional de Salud.

43. Con carácter general, la Ley 16/2003 tiene la condición de básica, y se dicta al amparo de los siguientes artículos:

a) Art. 149.1.7 y Art. 149.1.16 de la CE.
b) Art. 149.1.16 y Art. 149.1.17 de la CE.
c) Art. 149.1.17 y Art. 149.1.6 de la CE.
d) Art. 149.1.18 y Art. 149.1.16 de la CE.

44. Entre los principios que informan la Ley 16/2003 se encuentra:

a) La financiación pública del Sistema Nacional de Salud, de acuerdo con el vigente sistema de financiación nacional.
b) La igualdad de oportunidades y la libre circulación de los usuarios en el conjunto del Sistema Nacional de Salud.
c) La prestación de los servicios a los usuarios del Sistema Nacional de Salud en condiciones de cooperación y colaboración activa.
d) La colaboración entre los servicios sanitarios públicos y privados en la prestación de servicios a los usuarios del Sistema Nacional de Salud.

45. Entre los titulares de los derechos a la protección de la salud y a la atención sanitaria se encuentran:

a) Los nacionales de los Estados miembros de la Unión Europea que tienen los derechos que resulten del derecho español y de los tratados y convenios que se suscriban por el Estado español y les sean de aplicación.

b) Los extranjeros en el territorio nacional en los términos previstos en el art. 14 de la Ley Orgánica 4/2000, de 11 de enero, sobre derechos y libertades de los extranjeros en España y su integración social.

c) Los nacionales de Estados no pertenecientes a la Unión Europea que tienen los derechos que les reconozcan el derecho comunitario, los tratados y convenios suscritos.

d) Los extranjeros en el territorio nacional en los términos previstos en el art. 12 de la Ley Orgánica 4/2000, de 11 de enero, sobre derechos y libertades de los extranjeros en España y su integración social.

46. La inclusión de una nueva prestación en el catálogo de prestaciones del Sistema Nacional de Salud necesitará que:

a) Sea aprobada por el Consejo Interterritorial del Sistema Nacional de Salud.

b) Se acompañe de una memoria económica que contenga la valoración del impacto positivo o negativo que pueda suponer y que sea elevada al Consejo de Política Fiscal y Financiera para su análisis en el contexto del principio de lealtad institucional.

c) Sea aprobada por la Alta Inspección.

d) Se acompañe de una memoria económica que contenga la valoración del impacto positivo o negativo que pueda suponer y que sea elevada al Consejo Interterritorial del Sistema Nacional de Salud para su análisis en el contexto del principio de cooperación.

47. La prestación de salud pública es:

a) El conjunto de iniciativas organizadas por las Administraciones públicas para preservar, proteger y promover la salud de la población.

b) El conjunto de servicios preventivos, diagnósticos, terapéuticos, rehabilitadores y de promoción de la salud dirigidos a los ciudadanos, que comprende las prestaciones de salud pública, atención primaria y especializada, sociosanitaria, urgencias, farmacia, ortoprótesis, productos dietéticos y transporte sanitario.

c) El conjunto de cuidados destinados a aquellos enfermos, generalmente crónicos, que por sus especiales características pueden beneficiarse de la actuación simultánea y sinérgica de los servicios sanitarios y sociales para aumentar su autonomía, paliar sus limitaciones o sufrimientos y facilitar su reinserción social.

d) El conjunto de técnicas, tecnologías o procedimientos, entendiendo por tales cada uno de los métodos, actividades y recursos basados en el conocimiento y experimentación científica, mediante los que se hacen efectivas las prestaciones sanitarias.

48. Las prestaciones de salud pública se ejercerán con un carácter de:

a) Igualdad.
b) Integralidad.
c) Cooperación.
d) Colaboración.

49. La atención primaria comprenderá:

a) La asistencia sanitaria a demanda, programada y urgente en consulta exclusivamente.
b) La rehabilitación especializada.
c) La atención paliativa a enfermos de salud mental.
d) La atención a la salud bucodental.

50. La atención que garantiza la globalidad y continuidad de la atención a lo largo de toda la vida del paciente, actuando como gestor y coordinador de casos y regulador de flujos es:

a) La atención primaria.
b) La atención especializada.
c) La atención sociosanitaria.
d) La atención de urgencia.

51. La atención sanitaria especializada comprenderá:

a) La hospitalización en régimen de urgencia.
b) La atención a la salud mental.
c) La rehabilitación a enfermos terminales.
d) La atención a la salud bucodental.

52. La atención sociosanitaria comprende:

a) Los medicamentos y productos sanitarios y el conjunto de actuaciones encaminadas a que los pacientes los reciban de forma adecuada a sus necesidades clínicas, en las dosis precisas según sus requerimientos individuales, durante el período de tiempo adecuado y al menor coste posible para ellos y la comunidad.

b) El conjunto de cuidados destinados a aquellos enfermos, generalmente crónicos, que por sus especiales características pueden beneficiarse de la actuación simultánea y sinérgica de los servicios sanitarios y sociales para aumentar su autonomía, paliar sus limitaciones o sufrimientos y facilitar su reinserción social.

c) Las actividades de promoción de la salud, educación sanitaria, prevención de la enfermedad, asistencia sanitaria, mantenimiento y recuperación de la salud, así como la rehabilitación física y el trabajo social.

d) Las actividades asistenciales, diagnósticas, terapéuticas y de rehabilitación y cuidados, así como aquéllas de promoción de la salud, educación sanitaria y prevención de la enfermedad, cuya naturaleza aconseja que se realicen en este nivel.

53. La prestación farmacéutica se regirá por lo dispuesto en:

a) La Ley 25/1990, de 20 de diciembre.
b) La Ley 41/2002, de 14 de noviembre.
c) La Ley 14/1986, de 25 de abril.
d) La Ley 16/2003, de 28 de mayo.

54. La prestación ortoprotésica consiste en:

a) La dispensación de los tratamientos dietoterápicos a las personas que padezcan determinados trastornos metabólicos congénitos.

b) La utilización de productos sanitarios, implantables o no, cuya finalidad es sustituir total o parcialmente una estructura corporal, o bien de modificar, corregir o facilitar su función.

c) Los medicamentos y productos sanitarios y el conjunto de actuaciones encaminadas a que los pacientes los reciban de forma adecuada a sus necesidades clínicas, en las dosis precisas según sus requerimientos individuales, durante el período de tiempo adecuado y al menor coste posible para ellos y la comunidad.

d) El conjunto de cuidados destinados a aquellos enfermos, generalmente crónicos, que por sus especiales características pueden beneficiarse de la actuación simultánea y sinérgica de los servicios sanitarios y sociales para aumentar su autonomía, paliar sus limitaciones o sufrimientos y facilitar su reinserción social.

55. La cartera de servicios es:

a) El conjunto de iniciativas organizadas por las Administraciones públicas para preservar, proteger y promover la salud de la población.

b) El conjunto de técnicas, tecnologías o procedimientos, entendiendo por tales cada uno de los métodos, actividades y recursos basados en el conocimiento y experimentación científica, mediante los que se hacen efectivas las prestaciones sanitarias.

c) El conjunto de servicios preventivos, diagnósticos, terapéuticos, rehabilitadores y de promoción de la salud dirigidos a los ciudadanos, que comprende las prestaciones de salud pública, atención primaria y especializada, sociosanitaria, urgencias, farmacia, ortoprótesis, productos dietéticos y transporte sanitario.

d) El conjunto de cuidados destinados a aquellos enfermos, generalmente crónicos, que por sus especiales características pueden beneficiarse de la actuación simultánea y sinérgica de los servicios sanitarios y sociales para aumentar su autonomía, paliar sus limitaciones o sufrimientos y facilitar su reinserción social.

56. La Cartera de Servicios:

a) Se acuerda en el seno de la Agencia de Calidad del Sistema Nacional de Salud y se aprobará mediante Real Decreto.

b) Se acuerda en el seno de la Alta inspección y se aprobará mediante Orden Ministerial.

c) Se acuerda en el seno del Consejo Interterritorial y se aprobará mediante Real Decreto.

d) Se acuerda en el seno del Observatorio del Sistema Nacional de Salud y se aprobará mediante Orden Ministerial.

57. En la elaboración de las carteras de servicios se tendrá en cuenta:

a) La equidad, la calidad y la participación social.

b) La cooperación, la calidad y la participación social.

c) La igualdad efectiva, la calidad y la cooperación.

d) La eficacia, eficiencia, efectividad, seguridad y utilidad terapéuticas.

58. Las nuevas técnicas, tecnologías o procedimientos serán sometidos a evaluación por el Ministerio responsable de Sanidad, a través de:

a) La Agencia de Evaluación del Observatorio del Sistema Nacional de Salud.

b) La Agencia de Evaluación de Tecnologías Sanitarias del Consejo Interterritorial.

c) La Agencia de Evaluación de Tecnologías Sanitarias del Instituto de Salud Carlos III.

d) La Agencia de Evaluación de la Agencia de Calidad del Sistema Nacional de Salud.

59. La garantía de accesibilidad supone que:

a) Se facilitará la libre elección de facultativo y una segunda opinión.

b) Se adecuará la accesibilidad de los centros, servicios y prestaciones de carácter sanitario para personas con discapacidad.

c) Todos los usuarios del Sistema Nacional de Salud tendrán acceso a las prestaciones sanitarias reconocidas en la Ley 16/2003 en condiciones de igualdad efectiva.

d) El acceso a las prestaciones sanitarias reconocidas en la Ley 16/2003 se garantizará con independencia del lugar del territorio nacional en el que se encuentren en cada momento los usuarios del Sistema Nacional de Salud, atendiendo especialmente a las singularidades de los territorios insulares.

60. Las garantías mínimas de seguridad y calidad –acordadas en el seno del Consejo Interterritorial del Sistema Nacional de Salud– se determinarán, con carácter básico, mediante:

a) Ley.

b) Real Decreto.

c) Orden Ministerial.

d) Reglamento.

Solución al test n.º 5

1. c) La Ley 44/2003, de 21 de noviembre.

2. d) 116.

3. a) Un Título Preliminar, siete Títulos, diez Disposiciones Adicionales, seis Disposiciones Transitorias, dos Disposiciones Derogatorias y dieciséis Disposiciones Finales.

4. b) El art. 9.2.

5. a) Las Áreas de Salud.

6. d) 43 de la Constitución Española.

7. d) Todas las respuestas son correctas.

8. b) No inferior a 200.000 habitantes ni superior a 250.000.

9. d) Baleares, Canarias, Ceuta y Melilla.

10. a) Un área de salud.

11. a) Consejo de salud de área.

12. c) La Administración sanitaria del área de salud.

13. a) El Consejo de dirección del área.

14. c) Al Gerente del área de salud.

15. d) Todas las respuestas son correctas.

16. b) Con una representación no inferior al 40 %, dentro de las directrices y programas generales sanitarios establecidos por la Comunidad Autónoma.

17. a) El 60 %.

18. b) Calidad.

19. c) 9.

20. b) Título III.

21. b) El Instituto Aragonés de Ciencias de la Salud.

22. d) Equidad.

23. c) Homogéneos.

24. a) Aquellas personas que tengan su residencia en los municipios de la Comunidad Autónoma de Aragón.

25. d) Al Departamento de Sanidad.

26. c) El Consejo de Salud de Aragón.

27. a) El Sistema de Salud de Aragón.

28. b) Administrativa.

29. a) La reinserción.

30. c) Participación.

31. a) La comisión de bienestar social.

32. b) El Consejo de Gobierno.

33. c) El Departamento de Sanidad.

34. d) Al menos de uno.

35. b) El alta voluntaria.

36. d) Las redes sociales.

37. c) El paciente.

38. b) El Consejero responsable de Salud.

39. c) Voluntades anticipadas.

40. b) Historia clínica.

41. b) La equidad, la calidad y la participación social en el Sistema Nacional de Salud.

42. a) El Consejo Interterritorial del Sistema Nacional de Salud y la Alta Inspección.

43. b) Art. 149.1.16 y Art. 149.1.17 de la CE.

44. c) La prestación de los servicios a los usuarios del Sistema Nacional de Salud en condiciones de cooperación y colaboración activa.

45. d) Los extranjeros en el territorio nacional en los términos previstos en el art. 12 de la Ley Orgánica 4/2000, de 11 de enero, sobre derechos y libertades de los extranjeros en España y su integración social.

46. b) Se acompañe de una memoria económica que contenga la valoración del impacto positivo o negativo que pueda suponer y que sea elevada al Consejo de Política Fiscal y Financiera para su análisis en el contexto del principio de lealtad institucional.

47. a) El conjunto de iniciativas organizadas por las Administraciones públicas para preservar, proteger y promover la salud de la población.

48. b) Integralidad.

49. d) La atención a la salud bucodental.

50. a) La atención primaria.

51. b) La atención a la salud mental.

52. b) El conjunto de cuidados destinados a aquellos enfermos, generalmente crónicos, que por sus especiales características pueden beneficiarse de la actuación simultánea y sinérgica de los servicios sanitarios y sociales para aumentar su autonomía, paliar sus limitaciones o sufrimientos y facilitar su reinserción social.

53. a) La Ley 25/1990, de 20 de diciembre.

54. b) La utilización de productos sanitarios, implantables o no, cuya finalidad es sustituir total o parcialmente una estructura corporal, o bien de modificar, corregir o facilitar su función.

55. b) El conjunto de técnicas, tecnologías o procedimientos, entendiendo por tales cada uno de los métodos, actividades y recursos basados en el conocimiento y experimentación científica, mediante los que se hacen efectivas las prestaciones sanitarias.

56. c) Se acuerda en el seno del Consejo Interterritorial y se aprobará mediante Real Decreto.

57. d) La eficacia, eficiencia, efectividad, seguridad y utilidad terapéuticas.

58. c) La Agencia de Evaluación de Tecnologías Sanitarias del Instituto de Salud Carlos III.

59. c) Todos los usuarios del Sistema Nacional de Salud tendrán acceso a las prestaciones sanitarias reconocidas en la Ley 16/2003 en condiciones de igualdad efectiva.

60. b) Real Decreto.

TEST N.º 6

Ley 44/2003 de Ordenación de las Profesiones Sanitarias. Ámbito de aplicación, contenidos. Ley 41/2002, de 14 de noviembre, básica reguladora de la autonomía del paciente y de derechos y obligaciones en materia de información y documentación clínica. Ley 9/2013, de 28 de noviembre, de Autoridad de Profesionales del Sistema Sanitario y de Servicios Sociales Públicos de Aragón

1. ¿Qué regula la Ley 44/2003, de 21 de noviembre?

a) La cohesión y calidad del Sistema Nacional de Salud.
b) La ordenación de las profesiones sanitarias.
c) El Estatuto Marco del personal estatutario de los servicios de salud.
d) Ninguna es correcta.

2. Respecto a los profesionales del área sanitaria de formación profesional, no pertenece al grupo de grado superior el Título de Técnico Superior en:

a) Documentación Sanitaria.
b) Higiene Bucodental.
c) Ortoprotésica.
d) Cuidados Auxiliares de Enfermería.

3. ¿Qué título de la Ley 44/2003, de 21 de noviembre, de ordenación de las profesiones sanitarias, regula el ejercicio profesional en el ámbito privado?

a) El título II.
b) El título III.
c) El título IV.
d) El título V.

4. Señalar la opción incorrecta. El objeto de la Ley 44/2003 es regular los aspectos básicos de las profesiones sanitarias tituladas en lo que se refiere a:

a) La participación de los profesionales en la planificación y ordenación de las profesiones sanitarias.
b) Su ejercicio por cuenta propia o ajena.

c) La estructura general de la formación de los profesionales.

d) El acceso de los profesionales a la sanidad pública.

5. Las disposiciones de la Ley 44/2003 son aplicables:

a) Solo a los profesionales que ejercen en los servicios sanitarios públicos.

b) Tanto si la profesión se ejerce en los servicios sanitarios públicos como en el ámbito de la sanidad privada.

c) Solo a los profesionales que ejerzan en el ámbito de la sanidad privada.

d) A los profesionales que ejercen en los servicios sanitarios públicos y a los que ejerzan en el ámbito de la sanidad privada por cuenta ajena; pero no a los que ejerzan en la sanidad privada por cuenta propia.

6. El artículo 2.º núm. 2-A) de la Ley 44/2003, de 21 de noviembre de Ordenación de las Profesiones Sanitarias, define como profesiones sanitarias de nivel de Licenciado universitario las siguientes:

a) Licenciados en Medicina, en Farmacia, en Odontología, y los licenciados especialistas en Ciencias de la Salud.

b) Licenciados en Medicina, en Farmacia, en Odontología, en Veterinaria, y los licenciados especialistas en Ciencias de la Salud.

c) Licenciados en Medicina, en Farmacia, en Veterinaria, y los licenciados especialistas en Ciencias de la Salud.

d) Licenciados en Medicina, en Farmacia, en Odontología, Psicólogos Clínicos, y los licenciados especialistas en Ciencias de la Salud.

7. Se podrá declarar formalmente el carácter de profesión sanitaria, titulada y regulada, de una determinada actividad no prevista en el artículo 2.º de la Ley 44/2003, mediante:

a) Una norma con rango de ley.

b) Real Decreto.

c) Orden del Ministerio de Sanidad.

d) Orden del Ministerio de Educación.

8. Los profesionales del área sanitaria de formación profesional se estructuran en los siguientes grupos:

a) Grupo I, Grupo II y Grupo III.

b) Nivel 1 y Nivel 2.

c) Grado Superior y Grado Medio.

d) Grupo A1, Grupo A2 y Grupo C1.

9. Los profesionales sanitarios a lo largo de su vida profesional deberán:

a) Acreditar su servicio a la sociedad.

b) Dedicar parte de su vida profesional a la investigación.

c) Realizar una formación continuada.

d) Certificar conocimientos de las últimas técnicas y procedimientos de su especialidad.

10. Es un principio general del ejercicio de las profesiones sanitarias:

a) La amplia autonomía técnica y científica.

b) La participación pasiva.

c) La conveniencia de la posesión de un título oficial.

d) El libre ejercicio de la profesión.

11. Señalar la opción incorrecta en relación al ejercicio de la profesión sanitaria:

a) Existirá formalización escrita de su trabajo reflejada en una historia clínica que deberá ser común para cada centro y única para cada paciente atendido en él.

b) La eficacia organizativa de los servicios, secciones y equipos, o unidades asistenciales equivalentes sea cual sea su denominación, requerirá la existencia escrita de normas de funcionamiento interno y la definición de objetivos y funciones tanto generales como específicas para cada miembro del mismo.

c) La continuidad asistencial de los pacientes, tanto la de aquellos que sean atendidos por distintos profesionales y especialistas dentro del mismo centro como la de quienes lo sean en diferentes niveles, requerirá en cada ámbito asistencial la existencia de procedimientos, protocolos de elaboración conjunta e indicadores para asegurar esta finalidad.

d) Los protocolos deberán ser utilizados de forma obligatoria, como guía de actuación para todos los profesionales de un equipo, y serán regularmente actualizados con la participación de aquellos que los deben aplicar.

12. Atendiendo al artículo 5 de la Ley 44/2003, no es uno de los principios generales referentes a la relación entre los profesionales sanitarios y de las personas atendidas por ellos:

a) Los profesionales tienen el deber de hacer un uso racional de los recursos diagnósticos y terapéuticos a su cargo.

b) Los profesionales tienen el deber de respetar la personalidad, dignidad e intimidad de las personas a su cuidado y deben respetar la participación de los mismos en las tomas de decisiones que les afecten.

c) Los profesionales tienen derecho a la libre aceptación de los pacientes a los que les corresponde atender.

d) Los profesionales y los responsables de los centros sanitarios facilitarán a sus pacientes el ejercicio del derecho a conocer el nombre, la titulación y la especialidad de los profesionales sanitarios que les atienden.

13. ¿A quién corresponde la indicación y realización de las actividades dirigidas a la promoción y mantenimiento de la salud?

a) A los licenciados en Medicina.

b) A los diplomados universitarios en Enfermería.

c) A los diplomados universitarios en Terapia Ocupacional.
d) A los licenciados en Farmacia.

14. Los centros sanitarios revisarán que los profesionales sanitarios de su planti-lla cumplen los requisitos necesarios para ejercer la profesión, como mínimo:

a) Cada 2 años.
b) Cada 3 años.
c) Cada 4 años.
d) Cada 5 años.

15. Según la Ley 44/2003, la unidad básica en la que se estructuran de forma uni o multiprofesional e interdisciplinar los profesionales y demás personal de las organizaciones asistenciales para realizar efectiva y eficientemente los servicios que les son requeridos, es:

a) La unidad de gestión clínica.
b) El Colegio Profesional.
c) El equipo de profesionales.
d) La cartera de servicios.

16. Señalar la opción incorrecta. La atención sanitaria integral, supone:

a) La cooperación multidisciplinaria.
b) La integración de los procesos.
c) La continuidad asistencial.
d) La superposición entre procesos asistenciales atendidos por distintos titulados o especialistas.

17. Según el artículo 9 de la Ley 44/2003, no es una característica de los equipos de profesionales:

a) La posibilidad de delegación de actuaciones.
b) El reconocimiento y apoyo por los órganos directivos y gestores, de los equipos de profesionales, una vez constituidos y aprobados en el seno de organizaciones o instituciones sanitarias.
c) La articulación de forma jerarquizada o colegiada de las actuaciones sanitarias que realicen.
d) Los propios equipos de profesionales serán responsables de la capacidad de los profesionales para realizar una correcta actuación en las tareas y funciones que les sean encomendadas en el proceso de distribución del trabajo en equipo.

18. No tienen la consideración de funciones de gestión clínica:

a) Las relativas a la jefatura o coordinación de unidades y equipos sanitarios y asistenciales.
b) Las relativas a la cumplimentación de recetas y hojas clínicas de los pacientes.

c) Las de tutorías y organización de formación especializada, continuada y de investigación.

d) Las de participación en comités internos o proyectos institucionales de los centros sanitarios dirigidos, entre otros, a asegurar la calidad, seguridad, eficacia, eficiencia y ética asistencial, la continuidad y coordinación entre niveles o el acogimiento, cuidados y bienestar de los pacientes.

19. ¿Quién propone el establecimiento de los títulos de Especialistas en Ciencias de la Salud, así como su supresión o cambio de denominación?

a) Comisión de Recursos Humanos del Sistema Nacional de Salud.
b) Consejo Nacional de Especialidades en Ciencias de la Salud.
c) Los ministerios competentes en Educación y en Sanidad.
d) Las organizaciones colegiales que correspondan.

20. Por regla general, las especialidades del mismo tronco tendrán un período de formación común de una duración de:

a) 6 meses.
b) 1 año.
c) 2 años.
d) 3 años.

21. La formación de Especialistas en Ciencias de la Salud tendrá lugar por el sistema de:

a) Doctorado.
b) Residencia en centros acreditados.
c) Máster oficial.
d) Grado.

22. El acceso a la formación sanitaria especializada se efectuará a través de:

a) Una convocatoria anual de carácter nacional.
b) Convocatorias anuales de carácter autonómico.
c) Convocatorias de carácter autonómico cada dos años.
d) Convocatoria de carácter nacional cada dos años.

23. Los Especialistas en Ciencias de la Salud no podrán acceder al tercer y sucesivos títulos de especialista hasta transcurridos, desde la obtención del anterior, al menos:

a) 5 años.
b) 6 años.
c) 8 años.
d) 10 años.

24. No es un criterio al que se atenga la formación por el sistema de residencia:

a) Los residentes realizarán el programa formativo de la especialidad con dedicación a tiempo completo.

b) Los residentes deberán desarrollar, de forma programada y tutelada, las actividades previstas en el programa, asumiendo de forma progresiva, según avancen en su formación, las actividades y responsabilidad propia del ejercicio autónomo de la especialidad.

c) La formación mediante residencia es compatible con una actividad profesional.

d) Durante la residencia se establecerá una relación laboral especial entre el servicio de salud o el centro y el especialista en formación.

25. Las especialidades en Ciencias de la Salud se agruparán, cuando ello proceda, atendiendo a criterios de:

a) Troncalidad.

b) Reciprocidad.

c) Complementariedad.

d) Paridad.

26. La Ley de Autonomía del Paciente establece la obligatoriedad de obtener el consentimiento informado del paciente:

a) Sólo en los casos de intervención quirúrgica.

b) Sólo en los casos de aplicación de procedimientos que supongan grandes riesgos o inconvenientes de notoria repercusión negativa sobre su salud.

c) Para toda actuación en el ámbito de su salud.

d) La Ley no establece esta obligación.

27. Tal y como establece la Ley 41/2002, de Autonomía del Paciente, en caso de que el paciente no acepte el tratamiento se le propondrá que firme el alta voluntaria y si no la firma la Dirección del Centro:

a) Puede disponer el alta forzosa.

b) Firmará en su nombre el alta involuntaria.

c) Mantendrá el ingreso por periodo mínimo de cinco días naturales.

d) No está reconocida la negativa al tratamiento de los pacientes.

28. El derecho del paciente a no ser informado:

a) No está reconocido por la ley.

b) Podrá restringirse en cualquier momento.

c) Podrá restringirse cuando sea estrictamente necesario en beneficio del paciente.

d) Sólo podrá ejercitarse si el paciente designa a un familiar o a otra persona a la que se le facilite la información.

29. El reconocimiento legal de que se respeten los deseos expresados anteriormente en el documento de instrucciones previas es una manifestación del derecho:

a) A la información sanitaria.
b) A la segunda opinión.
c) A la autonomía del paciente.
d) A la información post-mortem.

30. Indique la proposición incorrecta en relación con los requisitos del consentimiento:

a) Debe ser libre.
b) Debe ser voluntario.
c) La decisión de consentir debe anteceder a una información adecuada.
d) La persona que lo presta debe tener capacidad para conocer, comprender y querer el alcance de su decisión.

31. La Ley 41/2002, de Autonomía del paciente, establece que, como regla general, el consentimiento se manifestará en forma:

a) Verbal.
b) Escrita.
c) Documental.
d) Ante testigos.

32. Según establece la Ley 41/2002, de Autonomía del Paciente, el paciente o usuario tiene derecho a decidir libremente entre las opciones clínicas disponibles después de recibir:

a) Información completa.
b) Información adecuada.
c) Información documental.
d) Información escrita.

33. La renuncia del paciente a recibir información:

a) No se reconoce por la ley.
b) Está limitada por el interés de la salud del propio paciente.
c) No está limitada por el interés de la salud de terceros.
d) Ninguna de las anteriores es correcta.

34. Según establece la Ley 41/2002, de Autonomía del paciente, ha de constar siempre por escrito:

a) La información al paciente.
b) El consentimiento informado.

c) La aceptación del tratamiento.

d) La negativa al tratamiento.

35. En la legislación sanitaria española, el consentimiento escrito del paciente:

a) Es una exigencia legal.

b) Es conveniente.

c) Es obligatorio en determinados supuestos.

d) No es necesario.

36. Según establece la Ley de Autonomía del Paciente, el consentimiento se prestará por escrito en el caso de:

a) Realización de una actuación sanitaria en el paciente.

b) Aplicación en el paciente de un procedimiento no invasor.

c) Intervención quirúrgica.

d) Aplicación de procedimientos de imprevisible repercusión negativa sobre la salud del paciente.

37. Para que un paciente o usuario otorgue válidamente su consentimiento a un tratamiento, el facultativo le ha de transmitir previamente:

a) Información escrita.

b) Información total y comprensible.

c) Información adecuada, comprensible y razonable.

d) Confianza.

38. La firma de un paciente analfabeto plasmada en el «documento formulario de consentimiento informado» con carácter previo a su intervención quirúrgica:

a) Significa que el paciente ha sido informado adecuadamente.

b) No tiene ninguna validez.

c) No tiene valor en sí misma, lo que no significa que no se pueda acreditar que ha existido información y ha consentido libremente.

d) Tendrá validez si incorpora una diligencia del facultativo indicando la condición del paciente.

39. En relación con el Documento de Consentimiento Informado:

a) Existe un formato unificado en el Sistema Nacional de Salud.

b) Cada Área Sanitaria fijará el suyo.

c) Las Administraciones Sanitarias, Servicios Sanitarios, Sociedades Científicas, Centros Hospitalarios, etc., fijan el que consideran más adecuado en el ámbito de sus competencias.

d) Es cierta la c), siempre que contenga tres partes: Preámbulo, Cuerpo y Aceptación.

40. Al respecto de la parte del Documento de Consentimiento Informado denominado Aceptación, señale la respuesta falsa:

a) Recoge la manifestación de conformidad del usuario de acogerse a la intervención o el procedimiento, debiendo suscribirla inexcusablemente con su firma.

b) Firmarán siempre el facultativo y los testigos o representantes que, en su caso, procedan.

c) En ella el usuario manifiesta que ha sido informado por el facultativo y que ha entendido lo que éste le ha dicho.

d) En ella el usuario manifiesta que ha sido informado por el facultativo y que consiente en acogerse a la actuación médica propuesta.

41. Según determina la Ley 41/2002, el paciente tiene derecho a recibir un informe de alta:

a) Sólo si ha existido ingreso hospitalario.

b) A la finalización del proceso asistencial.

c) En cuyo contenido mínimo habrán de figurar, entre otros, datos de información sanitaria epidemiológica.

d) Previa solicitud.

42. Existen supuestos legales en los que los facultativos pueden llevar a cabo las intervenciones clínicas indispensables en favor de la salud del paciente sin necesidad de contar con su consentimiento ni el de sus representantes o familiares. Señale uno de ellos:

a) Cuando el paciente esté incapacitado legalmente.

b) Cuando existe riesgo para la salud pública según determinen las autoridades sanitarias.

c) En caso de riesgo inmediato grave para la integridad física de otro paciente.

d) Cuando el paciente no sea capaz de tomar decisiones.

43. La toma en consideración de los deseos expresados anteriormente con respecto a una actuación médica en su persona por un paciente que en el momento de la intervención no se encuentra en situación de expresar su voluntad se conoce como:

a) Consentimiento.

b) Testamento vital.

c) Eutanasia activa.

d) Eutanasia pasiva.

44. La Ley de Autonomía del Paciente reconoce el derecho a que se respeten los deseos expresados anteriormente en el:

a) Testamento vital.

b) Documento de voluntades anticipadas.

c) Documento de instrucciones previas.

d) Documento de instrucciones preliminares.

45. La información del consentimiento informado no precisa incluir:

a) Riesgos frecuentes.
b) Beneficios que se esperan alcanzar.
c) Consecuencias previsibles de la realización del procedimiento.
d) Bibliografía del procedimiento.

46. El reconocimiento legal de que el ciudadano debe recibir información suficiente y adecuada sobre los problemas sanitarios de la comunidad que impliquen un riesgo para su salud es una manifestación de su derecho:

a) A la información sanitaria epidemiológica.
b) A la información sanitaria asistencial.
c) A la intimidad.
d) A la autonomía.

47. La propiedad de la historia clínica corresponde:

a) Al médico que realiza la actuación sanitaria.
b) A la Administración sanitaria o entidad titular del centro sanitario, cuando el médico trabaja por cuenta propia.
c) Al médico que realiza la atención sanitaria cuando éste trabaja por cuenta ajena y bajo la dependencia de una institución sanitaria.
d) Ninguna respuesta es correcta.

48. La historia clínica deberá realizarse bajo criterios de:

a) Autonomía.
b) Unidad e integración.
c) Garantía de acceso en soporte informático.
d) Claridad y gestión.

49. Tienen libre acceso a la historia clínica del paciente de un centro asistencial:

a) Los profesionales asistenciales y de gestión y servicios del centro.
b) Los profesionales asistenciales del centro.
c) Los profesionales asistenciales del centro implicados en el diagnóstico y tratamiento del enfermo.
d) El personal asistencial, investigador y docente del centro.

50. No serán aplicadas las instrucciones previas:

a) Que no se hayan formalizado ante notario.
b) Que incorporen actuaciones previstas en el ordenamiento jurídico.
c) Que incorporen previsiones contrarias a la buena práctica clínica.
d) Que se correspondan exactamente con el supuesto de hecho previsto por el sujeto en el momento de emitirlas.

51. La obligación que tienen los profesionales sanitarios de cumplimentar los protocolos, registros, informes estadísticos y demás documentación clínica relacionada con el proceso asistencial en el que intervenga es la expresión de uno de los derechos reconocidos a los ciudadanos respecto del sistema sanitario. ¿De cuál?

a) Derecho a la intimidad.

b) Derecho a la información.

c) Derecho a que quede constancia de la información obtenida en todos sus procesos asistenciales

d) Derecho a la documentación.

52. No constituye parte del contenido mínimo de la historia clínica:

a) El informe de urgencia

b) La hoja de trabajo social.

c) El gráfico de constantes.

d) La evolución.

53. Según determina la ley de Autonomía del paciente los centros sanitarios conservarán la documentación clínica de las historias clínicas:

a) Durante cinco años como mínimo, contados desde la fecha del alta de cada proceso asistencial.

b) Durante quince años como mínimo, contados desde la fecha del último proceso asistencial.

c) Indefinidamente.

d) Esta ley no establece plazo alguno al respecto.

54. Cuando se trate de menores emancipados o mayores de 16 años:

a) No cabe prestar el consentimiento por representación.

b) El consentimiento lo dará el representante legal del menor en todo caso.

c) Solo cabe prestar el consentimiento por representación en el supuesto de que tenga su capacidad modificada a través de resolución judicial.

d) El consentimiento lo dará el representante legal del menor, después de haber escuchado su opinión, cuando dicho menor no sea capaz intelectual ni emocionalmente de comprender el alcance de la intervención.

55. Según el artículo 7 de la Ley 9/2013, de 28 de noviembre, de Autoridad de Profesionales del Sistema Sanitario y de Servicios Sociales Públicos de Aragón, los hechos constatados por los profesionales del sistema público sanitario y social de Aragón en el ejercicio de sus funciones, cuando se formalicen por escrito en documento que cuente con los requisitos establecidos según la normativa que resulte de aplicación en cada caso, gozarán de:

a) Inmunidad.

b) Presunción de veracidad.

c) La condición de documento oficial protegido.
d) Responsabilidad compartida.

56. ¿De cuántos artículos consta únicamente la Ley 9/2013, de 28 de noviembre, de Autoridad de Profesionales del Sistema Sanitario y de Servicios Sociales Públicos de Aragón?

a) Nueve.
b) Ocho.
c) Siete.
d) Seis.

57. ¿De cuántas disposiciones transitorias consta la Ley 9/2013, de 28 de noviembre?

a) No dispone de ninguna.
b) Una.
c) Dos.
d) Tres.

58. ¿En cuántos Capítulos se desarrolla la Ley 9/2013, de 28 de noviembre?

a) Uno.
b) Dos.
c) Tres.
d) No contiene Capítulos, sino Títulos.

59. Entre los profesionales diplomados no se encuentran los:

a) Podólogos.
b) Terapeutas ocupacionales.
c) Enfermeros.
d) Veterinarios.

60. Los diplomados universitarios encargados de actividades de prevención, evaluación y recuperación de trastornos de la audición, la fonación y del lenguaje, mediante técnicas terapéuticas propias de su disciplina, son:

a) Psicólogos.
b) Terapeutas ocupacionales.
c) Logopedas.
d) Médicos.

61. El profesional que ostente el Título de Técnico Superior en Anatomía Patológica y Citología es:

a) Un profesional del área sanitaria de formación profesional.
b) Un profesional sanitario de nivel diplomado.

c) Un profesional sanitario licenciado.
d) No existe dicho Título.

62. ¿En qué artículo de la Constitución Española se regula el derecho a la protección de la salud?

a) Artículo 40.
b) Artículo 41.
c) Artículo 42.
d) Artículo 43.

63. La Ley 6/2002, de 15 de abril desarrolla:

a) La Ley de Salud de Aragón.
b) La Ley de Servicios Sociales de Aragón.
c) La autonomía del paciente y los derechos y obligaciones en materia de información y documentación clínica.
d) Ninguna es correcta.

64. La autonomía del paciente y los derechos y obligaciones en materia de información y documentación clínica se desarrollan por:

a) Real Decreto Legislativo.
b) Decreto Ley.
c) Ley.
d) Ninguna es correcta.

65. Quienes ostentan los títulos de Técnico en Cuidados Auxiliares de Enfermería y Farmacia son:

a) Profesionales de grado superior del área sanitaria de formación profesional.
b) Profesionales de grado medio del área sanitaria de formación profesional.
c) Profesionales sanitarios Diplomados.
d) Ninguna es correcta.

66. ¿Cuántas Disposiciones Finales contiene la Ley 9/2013, de 28 de noviembre?

a) Una.
b) Dos.
c) Tres.
d) Cuatro.

67. En el Anexo Único de la Ley 9/2013, de 28 de noviembre se recogen:

a) El Grupo de Profesionales Sanitarios.
b) Los principios generales que inspira la Ley.

c) Los derechos de los profesionales en el desempeño de sus funciones.

d) Todas son correctas.

68. ¿A qué órgano le corresponde establecer medidas de promoción de la conviven-cia y en particular, mecanismos de mediación para la resolución pacífica de conflictos que se puedan originar en los centros sanitarios y sociales del Gobierno de Aragón?

a) A las Cortes de Aragón.

b) Al Presidente de la Comunidad de Aragón.

c) Al departamento competente en materia de sanidad.

d) Al Defensor del Pueblo aragonés.

69. El derecho a la protección de la salud establecido en la Constitución Española es:

a) A su vez un derecho regulado en la Ley 9/2013, de 28 de noviembre.

b) Un principio general.

c) Un principio ético.

d) Un principio de conducta.

70. De conformidad con la Ley 9/2013, de 28 de noviembre, de Autoridad de Pro-fesionales del Sistema Sanitario y de Servicios Sociales de Aragón:

a) En el ejercicio de sus funciones, los hechos constatados por los mencionados profe-sionales gozarán de la presunción de veracidad en todo caso.

b) En el ejercicio de sus funciones, los hechos constatados por los mencionados pro-fesionales gozarán de la presunción de veracidad cuando se formalicen por escrito en documento que cuente con los requisitos establecidos según la normativa que resulte de aplicación en cada caso.

c) Los hechos constatados por los profesionales sanitarios nunca gozan de presun-ción de veracidad.

d) En el ejercicio de sus funciones, los hechos constatados por los mencionados pro-fesionales gozarán de la presunción de veracidad cuando se llevaran a cabo en presencia de dos testigos.

Solución al test n.º 6

1. b) La ordenación de las profesiones sanitarias.

2. d) Cuidados Auxiliares de Enfermería.

3. c) El título IV.

4. d) El acceso de los profesionales a la sanidad pública.

5. b) Tanto si la profesión se ejerce en los servicios sanitarios públicos como en el ámbito de la sanidad privada.

6. b) Licenciados en Medicina, en Farmacia, en Odontología, en Veterinaria, y los licenciados especialistas en Ciencias de la Salud.

7. a) Una norma con rango de ley.

8. c) Grado Superior y Grado Medio.

9. c) Realizar una formación continuada.

10. d) El libre ejercicio de la profesión.

11. d) Los protocolos deberán ser utilizados de forma obligatoria, como guía de actuación para todos los profesionales de un equipo, y serán regularmente actualizados con la participación de aquellos que los deben aplicar.

12. c) Los profesionales tienen derecho a la libre aceptación de los pacientes a los que les corresponde atender.

13. a) A los licenciados en Medicina.

14. b) Cada 3 años.

15. c) El equipo de profesionales.

16. d) La superposición entre procesos asistenciales atendidos por distintos titulados o especialistas.

17. d) Los propios equipos de profesionales serán responsables de la capacidad de los profesionales para realizar una correcta actuación en las tareas y funciones que les sean encomendadas en el proceso de distribución del trabajo en equipo.

18. b) Las relativas a la cumplimentación de recetas y hojas clínicas de los pacientes.

19. c) Los ministerios competentes en Educación y en Sanidad.

20. c) 2 años.

21. b) Residencia en centros acreditados.

22. a) Una convocatoria anual de carácter nacional.

23. c) 8 años.

24. c) La formación mediante residencia es compatible con una actividad profesional.

25. a) Troncalidad.

26. c) Para toda actuación en el ámbito de su salud.

27. a) Puede disponer el alta forzosa.

28. c) Podrá restringirse cuando sea estrictamente necesario en beneficio del paciente.

29. c) A la autonomía del paciente.

30. c) La decisión de consentir debe anteceder a una información adecuada.

31. a) Verbal.

32. b) Información adecuada.

33. b) Está limitada por el interés de la salud del propio paciente.

34. d) La negativa al tratamiento.

35. c) Es obligatorio en determinados supuestos.

36. c) Intervención quirúrgica.

37. c) Información adecuada, comprensible y razonable.

38. c) No tiene valor en sí misma, lo que no significa que no se pueda acreditar que ha existido información y ha consentido libremente.

39. d) Es cierta la c), siempre que contenga tres partes: Preámbulo, Cuerpo y Aceptación.

40. a) Recoge la manifestación de conformidad del usuario de acogerse a la intervención o el procedimiento, debiendo suscribirla inexcusablemente con su firma.

41. b) A la finalización del proceso asistencial.

42. b) Cuando existe riesgo para la salud pública según determinen las autoridades sanitarias.

43. b) Testamento vital.

44. c) Documento de instrucciones previas.

45. d) Bibliografía del procedimiento.

46. a) A la información sanitaria epidemiológica.

47. d) Ninguna respuesta es correcta.

48. b) Unidad e integración.

49. c) Los profesionales asistenciales del centro implicados en el diagnóstico y tratamiento del enfermo.

50. c) Que incorporen previsiones contrarias a la buena práctica clínica.

51. c) Derecho a que quede constancia de la información obtenida en todos sus procesos asistenciales.

52. b) La hoja de trabajo social.

53. a) Durante cinco años como mínimo, contados desde la fecha del alta de cada proceso asistencial.

54. d) El consentimiento lo dará el representante legal del menor, después de haber escuchado su opinión, cuando dicho menor no sea capaz intelectual ni emocionalmente de comprender el alcance de la intervención.

55. b) Presunción de veracidad.

56. a) Nueve.

57. a) No dispone de ninguna.

58. b) Dos.

59. d) Veterinarios.

60. c) Logopedas.

61. a) Un profesional del área sanitaria de formación profesional.

62. d) Artículo 43.

63. a) La Ley de Salud de Aragón.

64. c) Ley.

65. b) Profesionales de grado medio del área sanitaria de formación profesional.

66. b) Dos.

67. a) El Grupo de Profesionales Sanitarios.

68. c) Al departamento competente en materia de sanidad.

69. b) Un principio general.

70. b) En el ejercicio de sus funciones, los hechos constatados por los mencionados profesionales gozarán de la presunción de veracidad cuando se formalicen por escrito en documento que cuente con los requisitos establecidos según la normativa que resulte de aplicación en cada caso.

TEST N.º 7

Ley 55/2003 del Estatuto Marco de Personal Estatutario de los Servicios de Salud (I). Principios generales, estructura, contenidos. Clasificación del personal estatutario. Derechos y deberes. Adquisición y pérdida de la condición de personal estatutario. Provisión de plazas, selección y promoción interna. Movilidad del personal

1. La Ley 55/2003 del Estatuto Marco de Personal Estatutario de los Servicios de Salud es aplicable:

a) Al personal estatutario de los servicios de salud.
b) Al personal sanitario excluyendo al personal de gestión y servicios.
c) Al personal funcionario de las Comunidades Autónomas.
d) Al personal funcionario del Estado.

2. El personal estatutario con nombramiento expedido para el ejercicio de una profesión o especialidad sanitaria se denomina:

a) Personal sanitario.
b) Otro personal.
c) Personal de mantenimiento.
d) Personal de gestión y servicios.

3. El personal estatutario con nombramiento expedido para el desempeño de funciones de gestión o para el desempeño de profesiones u oficios que no tengan carácter sanitario se denomina:

a) Personal universitario.
b) Personal de gestión y servicios.
c) Personal directivo.
d) Personal administrativo.

4. Según establece el art. 8 de la Ley 55/2003, de 16 de diciembre, del Estatuto Marco de los Servicios de Salud, es personal estatutario fijo:

a) El que una vez superado el correspondiente proceso selectivo, obtiene un nombramiento para el desempeño, con carácter permanente, de las funciones que de tal nombramiento se deriven.

b) Todo el personal al servicio de los Servicios de Salud.

c) El personal que realice una prestación de servicios determinados de naturaleza temporal, coyuntural o extraordinaria.

d) El personal en posesión de un contrato laboral indefinido.

5. Conforme al artículo 9.1 del Estatuto Marco (*en redacción dada por el Real Decreto-ley 12/2022, de 5 de julio, por el que se modifica la Ley 55/2003, de 16 de diciembre, del Estatuto Marco del personal estatutario de los servicios de salud*) los nombramientos del Personal Estatutario Temporal de los Servicios de Salud serán:

a) Únicamente de Personal Estatutario Sanitario.

b) Personal Estatutario Contratado.

c) De interinidad.

d) Como Personal Laboral.

6. En el supuesto de existencia de plaza vacante, son estatutarios interinos los que, por razones expresamente justificadas de necesidad y urgencia, son nombrados como tales con carácter temporal para el desempeño de funciones propias de estatutarios, cuando no sea posible su cobertura por personal estatutario fijo, durante un plazo máximo de:

a) Dos años.

b) Tres años.

c) Cuatros años.

d) Seis años.

7. Conforme a lo dispuesto en el artículo 2.2 de la Ley 55/2003, de 16 de diciembre, del Estatuto Marco del personal estatutario de los servicios de salud, en lo no previsto en la misma serán aplicables al personal estatutario:

a) Las disposiciones y principios generales sobre función pública de la Administración correspondiente.

b) Las disposiciones de derecho laboral, dictadas al amparo del artículo 149.1.7º de la Constitución.

c) Las disposiciones sobre función pública de la Administración del Estado, en todo caso, conforme a lo dispuesto en el artículo 149.3 de la Constitución.

d) El convenio colectivo del personal laboral al servicio de la Administración correspondiente.

8. Conforme al artículo 6.2 de la Ley 55/2003, de 16 de diciembre, del Estatuto Marco del personal estatutario de los servicios de salud, atendiendo al nivel académico del título exigido para el ingreso, el personal estatutario sanitario de formación profesional se divide en:

a) Técnicos sanitarios y Auxiliares de Enfermería.
b) Técnicos superiores y Técnicos.
c) Técnicos superiores y Técnicos de gestión.
d) Técnicos especialistas y Técnicos.

9. La categoría profesional de Celador está comprendida dentro del grupo de:

a) Personal de gestión y servicios.
b) Personal no estatutario.
c) Personal estatutario sanitario.
d) Personal estatutario de formación profesional.

10. Es personal Estatutario Sanitario:

a) El que ejerce una profesión o especialidad sanitaria.
b) El que ostenta esta condición en virtud de nombramiento expedido para el ejercicio de una profesión o especialización sanitaria.
c) El que desempeña una categoría clasificada como sanitaria.
d) Quien ejerza una profesión sanitaria sin ostentar la condición de funcionario.

11. El personal Estatutario de Gestión y Servicio se clasifica en función del título exigido para el ingreso en:

a) Personal de formación universitaria, personal de formación personal y otro personal.
b) Personal universitario, personal de formación profesional y personal subalterno.
c) Personal licenciado universitario, personal de administración y personal auxiliar.
d) Ninguna es correcta.

12. El incumplimiento del plazo máximo de permanencia dará lugar a una compensación económica para el personal estatutario temporal afectado, que será equivalente a:

a) Veinte días de sus retribuciones fijas por año de servicio.
b) Veinte días de su sueldo, más trienios y complemento de destino por año de servicio.
c) Veinte días de todas sus retribuciones por año de servicio.
d) Veinte días de su sueldo por año de servicio.

13. El Estatuto Marco del Personal Estatutario de los Servicios de Salud está regulado por:

a) Una Ley orgánica.
b) Una Ley ordinaria.

c) Un Real Decreto.

d) Un Reglamento.

14. Podrá concurrir a las pruebas selectivas, por el sistema de promoción interna, el personal estatutario fijo que se encuentre en servicio activo y con nombramiento como personal estatutario fijo, en la categoría de procedencia, durante al menos:

a) 2 años.

b) 3 años.

c) 4 años.

d) 5 años.

15. Los procedimientos de selección de personal estatutario temporal se basarán en diferentes principios recogidos en el artículo 33.1 del Estatuto Marco del personal estatutario de los servicios de salud, entre los que no está el principio de:

a) Mérito.

b) Publicidad.

c) Solidaridad.

d) Capacidad.

16. No constituye un derecho individual del personal estatutario:

a) La estabilidad en el empleo.

b) La movilidad voluntaria.

c) El descanso necesario.

d) La negociación colectiva.

17. El régimen de derechos del personal estatutario será aplicable al personal temporal:

a) En la medida en que la naturaleza del derecho lo permita.

b) En todo caso.

c) En ningún caso.

d) Solo cuando así se establezca en su nombramiento.

18. La condición de personal estatutario fijo se adquiere:

a) Por la superación de las pruebas de selección, contrato firmado con el órgano competente e incorporación a una plaza.

b) Por la superación de las pruebas de selección, publicación de su designación en el boletín oficial correspondiente e incorporación a la plaza.

c) Por la superación de la prueba selectiva, nombramiento conferido por el órgano competente e incorporación a la plaza.

d) Ninguna es correcta.

19. Quienes no acrediten, una vez superado el proceso selectivo, que reúnen los requisitos y condiciones exigidos en la convocatoria:

a) No podrán ser nombrados hasta que subsanen el defecto.
b) No podrán ser nombrados, y quedarán sin efecto sus actuaciones.
c) Podrán ser nombrados de forma condicional.
d) Una vez superado el proceso selectivo, se entiende que reúne los requisitos exigidos, salvo prueba en contrario.

20. No es causa de extinción de la condición de personal estatutario fijo:

a) La renuncia.
b) La jubilación.
c) La sanción disciplinaria firme de separación del servicio.
d) La incapacidad temporal.

21. La incapacidad permanente, cuando sea declarada en sus grados de incapacidad permanente total para la profesión habitual, absoluta para todo trabajo o gran invalidez conforme a las normas reguladoras del Régimen General de la Seguridad Social:

a) Da derecho a la reserva del puesto.
b) Produce la suspensión de la condición de personal estatutario.
c) Produce la pérdida de la condición de personal estatutario.
d) Imposibilita la recuperación de la condición de personal estatutario fijo.

22. La recuperación de la condición de personal estatutario:

a) Supondrá la simultánea declaración del interesado en la situación de excedencia voluntaria, salvo en el caso de que se hubiera perdido como consecuencia de incapacidad.
b) Supondrá la simultánea declaración del interesado en la situación de excedencia voluntaria.
c) Supondrá la reincorporación del interesado a su puesto anterior.
d) Supondrá la reincorporación del interesado a su puesto en reingreso provisional.

23. Según el Estatuto Marco, la selección de personal estatutario fijo se efectuará con carácter general a través del sistema de:

a) Oposición.
b) Concurso-oposición.
c) Concurso.
d) Pruebas selectivas.

24. En relación con los derechos y deberes regulados en el Estatuto Marco, no se considera un derecho colectivo:

a) La huelga.
b) La actividad sindical.

c) La reunión.
d) La estabilidad en el empleo.

25. La renuncia a la condición de personal estatutario, en los casos en que no exista un expediente disciplinario abierto, deberá ser solicitada por el interesado con una antelación mínima a su efectividad:

a) En cualquier momento.
b) De 15 días.
c) Tiene carácter voluntario y no está sometida a preaviso.
d) De un mes.

26. Según el art. 21 del Estatuto Marco, ¿cuál de los siguientes no es un motivo para perder la condición de personal estatutario?

a) La renuncia.
b) La liberación sindical.
c) La jubilación.
d) La sanción disciplinaria firme de separación del servicio.

27. Entre los siguientes derechos que le reconoce el Estatuto Marco al personal estatutario, ¿cuál de ellos no tiene el carácter de derecho individual?

a) La estabilidad en el empleo.
b) El respeto a la dignidad e intimidad personal en el trabajo.
c) La formación continuada adecuada a la función desempeñada.
d) La inamovilidad del puesto de trabajo.

28. El personal estatutario de los servicios de salud tiene el deber de:

a) Participar en la elaboración de los convenios colectivos.
b) Realizar sus funciones fuera del horario y jornada habitual.
c) Realizar actividades sindicales.
d) Respetar la Constitución, el Estatuto de Autonomía correspondiente y el resto del ordenamiento jurídico.

29. Según el Estatuto Marco del Personal Estatutario de los Servicios de Salud, ¿cuál de los siguientes es un derecho colectivo?

a) Derecho a la percepción puntual de las retribuciones e indemnizaciones por razón del servicio en cada caso establecidas.
b) Derecho a la libre sindicación.
c) Derecho a la movilidad voluntaria, promoción interna y desarrollo profesional, en la forma en que prevean las disposiciones en cada caso aplicables.
d) Derecho a la jubilación en los términos y condiciones establecidas en las normas en cada caso aplicables.

30. Para participar en los procesos selectivos para la promoción interna será requisito tener nombramiento como personal estatutario fijo en la categoría de procedencia durante, al menos:

a) 1 año.
b) 2 años.
c) 3 años.
d) 4 años.

Solución al test n.º 7

1. a) Al personal estatutario de los servicios de salud.

2. a) Personal sanitario.

3. b) Personal de gestión y servicios.

4. a) El que una vez superado el correspondiente proceso selectivo, obtiene un nombramiento para el desempeño, con carácter permanente, de las funcionales que de tal nombramiento se deriven.

5. c) De interinidad.

6. b) Tres años.

7. a) Las disposiciones y principios generales sobre función pública de la Administración correspondiente.

8. b) Técnicos superiores y Técnicos.

9. a) Personal de gestión y servicios.

10. b) El que ostenta esta condición en virtud de nombramiento expedido para el ejercicio de una profesión o especialización sanitaria.

11. a) Personal de formación universitaria, personal de formación personal y otro personal.

12. a) Veinte días de sus retribuciones fijas por año de servicio.

13. b) Una Ley ordinaria.

14. a) 2 años.

15. c) Solidaridad.

16. d) La negociación colectiva.

17. a) En la medida en que la naturaleza del derecho lo permita.

18. c) Por la superación de la prueba selectiva, nombramiento conferido por el órgano competente e incorporación a la plaza.

19. b) No podrán ser nombrados, y quedarán sin efecto sus actuaciones.

20. d) La incapacidad temporal.

21. c) Produce la pérdida de la condición de personal estatutario.

22. a) Supondrá la simultánea declaración del interesado en la situación de excedencia voluntaria, salvo en el caso de que se hubiera perdido como consecuencia de incapacidad.

23. b) Concurso-oposición.

24. d) La estabilidad en el empleo.

25. b) De 15 días.

26. b) La liberación sindical.

27. d) La inamovilidad del puesto de trabajo.

28. d) Respetar la Constitución, el Estatuto de Autonomía correspondiente y el resto del ordenamiento jurídico.

29. b) Derecho a la libre sindicación.

30. b) 2 años.

**Ley 55/2003 del Estatuto Marco de personal Estatutario de
los Servicios de Salud (II). Retribuciones. Jornada de trabajo,
permisos y licencias. Situaciones del personal estatutario. Régimen
disciplinario. Modelo de Carrera Profesional en Aragón. Ley 53/1984
de 26 de diciembre, de incompatibilidades. Principios Generales.
Ámbito de aplicación**

1. Según el Estatuto Marco, siempre que la duración de la jornada exceda de seis horas continuadas, deberá establecerse un periodo de descanso durante la misma de al menos:

a) 10 minutos.
b) 15 minutos.
c) 20 minutos.
d) 30 minutos.

2. Son faltas muy graves:

a) La falta de obediencia debida a los superiores.
b) El acoso sexual, cuando el sujeto activo del acoso cree con su conducta un entorno laboral intimidatorio, hostil o humillante para la persona que es objeto del mismo.
c) El incumplimiento del deber de respeto a la Constitución o al respectivo Estatuto de Autonomía en el ejercicio de sus funciones.
d) La aceptación de cualquier tipo de contraprestación por los servicios prestados a los usuarios de los Servicios de Salud.

3. El funcionario sancionado con la separación del servicio no podrá concurrir a las pruebas de selección para la obtención de la condición de personal estatutario fijo, ni prestar servicios como personal estatutario temporal, durante:

a) Los 6 años siguientes.
b) Los 5 años siguientes.
c) Los 10 años siguientes.
d) La separación del servicio es definitiva.

4. Según el Estatuto Marco, cuando la suspensión de funciones se imponga por falta muy grave, no podrá superar:

a) Los seis años.
b) Los diez años.
c) Los doce años.
d) Los quince años.

5. Las faltas graves del personal estatutario prescribirán:

a) Al año.
b) A los dos años.
c) A los tres años.
d) A los cuatro años.

6. Las sanciones impuestas al personal estatutario por faltas leves prescribirán:

a) Al mes.
b) A los tres meses.
c) A los seis meses.
d) Al año.

7. Las sanciones disciplinarias firmes que se impongan al personal estatutario se anotarán en su expediente personal. Las anotaciones por sanciones impuestas por faltas leves se cancelarán de oficio, desde el cumplimiento de la sanción, a:

a) Los 3 meses.
b) Los 6 meses.
c) El año.
d) Los 2 años.

8. Es una retribución básica del personal estatutario:

a) El complemento de destino.
b) El complemento de carrera.
c) Las pagas extraordinarias.
d) El complemento de productividad.

9. El complemento de productividad no está destinado a retribuir:

a) El especial rendimiento, el interés o la iniciativa del titular del puesto.
b) La participación en programas o actuaciones concretas.
c) La contribución del personal a la consecución de los objetivos programados.
d) Las condiciones particulares de algunos puestos.

10. No es correcto, en relación a las retribuciones del personal estatutario, que:

a) Podrá asignarse más de un complemento específico a cada puesto por una misma circunstancia.

b) El importe anual del complemento de destino se abonará en catorce pagas.

c) Las retribuciones complementarias son fijas o variables.

d) Las retribuciones básicas y las cuantías del sueldo y los trienios serán iguales en todos los Servicios de Salud.

11. La especial dificultad técnica, dedicación, responsabilidad, incompatibilidad, peligrosidad o penosidad de algunos puestos de trabajo del Personal Estatutario, se retribuye a través del:

a) Complemento de destino.

b) Complemento de atención continuada.

c) Complemento específico.

d) Complemento de productividad.

12. La jornada realizada por el personal estatutario fuera de la jornada ordinaria de trabajo con el fin de garantizar la adecuada atención permanente al usuario de los centros sanitarios, se denomina:

a) Jornada extraordinaria.

b) Jornada complementaria.

c) Jornada partida.

d) Jornada de servicios localizados.

13. La grave desconsideración con los superiores, compañeros, subordinados o usuarios se considera, según el Estatuto Marco Personal Estatutario de los Servicios de Salud:

a) Falta leve.

b) Falta grave.

c) No se considera falta.

d) Es una práctica normal.

14. Según el art. 72.2 del Estatuto Marco, tendrá la consideración de falta muy grave:

a) Intervenir en un procedimiento administrativo cuando se dé alguna de las causas de abstención legalmente señaladas.

b) Toda actuación que suponga discriminación por razones ideológicas, morales, políticas, sindicales, de raza, lengua, género, religión o circunstancias económicas, personales o sociales, tanto del personal como de los usuarios.

c) El incumplimiento injustificado de la jornada de trabajo que acumulado suponga más de 20 horas al mes.

d) La incorrección con los superiores, compañeros, subordinados o usuarios.

15. ¿Qué tiempo máximo puede estar un trabajador en una situación de suspensión de funciones por sanción disciplinaria?

a) 6 años.
b) 1 mes.
c) 1 año.
d) 5 años.

16. Según el Estatuto Marco del Personal Estatutario de los Servicios de Salud, la jubilación forzosa se declarará:

a) Al cumplir los 65 años de edad.
b) Al cumplir 60 años de edad y 25 de servicios prestados.
c) Al cumplir 70 años de edad.
d) Solo existe jubilación voluntaria al cumplir 70 años de edad.

17. Para poder obtener la excedencia voluntaria por interés particular es necesario haber prestado servicios efectivos en cualquiera de las Administraciones Públicas durante:

a) Los cinco años inmediatamente anteriores.
b) Los cuatro años inmediatamente anteriores.
c) El año inmediatamente anterior.
d) No se exige periodo mínimo de prestación efectiva de servicios.

18. El artículo 24 de la Ley 55/2003, de 16 de diciembre (Estatuto Marco del Personal Estatutario de los Servicios de Salud), establece que la sanción de separación del servicio:

a) Cuando adquiere carácter firme, supone la pérdida de la condición de personal estatutario.

b) Cuando adquiere carácter provisional, supone la pérdida de la condición de personal estatutario.

c) Cuando adquiere carácter provisional, supone la pérdida de la condición de personal laboral.

d) Cuando adquiere carácter firme, supone la pérdida de la condición de personal funcionario.

19. En el Estatuto Marco se establece que el personal estatutario en comisión de servicios percibirá las retribuciones:

a) Correspondientes a las funciones especiales que realice en el puesto de destino.
b) De su plaza o puesto de origen.

c) Proporcional a cada Centro.

d) Correspondientes a la plaza o puesto efectivamente desempeñado, salvo que sean inferiores a las que correspondan por la plaza de origen, en cuyo caso se percibirán estas.

20. Según el Estatuto Marco entre las situaciones administrativas del personal es-tatutario puede estar:

a) Servicio preferente en otra Comunidad Autónoma.

b) En régimen de cesión en la Administración General de Estado.

c) Destacado en los Servicios provinciales de las Delegaciones de Hacienda.

d) Suspensión de funciones.

21. En el régimen disciplinario del Estatuto Marco se reconoce a los interesados el derecho a:

a) Proponer el nombramiento del instructor.

b) Solicitar la excedencia voluntaria durante la tramitación del expediente.

c) Formular Pliegos de cargos.

d) Formular alegaciones en cualquier fase del procedimiento.

22. La conducta de producir daños o el deterioro en las instalaciones, equipa-miento, instrumental o documentación por negligencia inexcusable, se considera en el Estatuto Marco:

a) Una falta leve.

b) Una falta grave.

c) Una falta muy grave.

d) Una actuación punible.

23. De las siguientes, la sanción que se aplicará al personal estatutario por la co-misión de falta grave será:

a) Suspensión de funciones.

b) Traslado forzoso con cambio de localidad.

c) Separación del servicio.

d) Apercibimiento.

24. ¿Qué Ley regula las incompatibilidades del Personal al Servicio de las Admi-nistraciones Públicas?

a) Ley 53/1984, de 26 de diciembre.

b) Ley 84/2003, de 5 de marzo.

c) Ley 34/2008, de 23 de septiembre.

d) Ley 55/1988, de 19 de octubre.

25. En relación con las incompatibilidades del personal estatutario, no es cierto que:

a) Será incompatible el disfrute de becas y ayudas de ampliación de estudios concedidas en régimen de concurrencia competitiva al amparo de programas oficiales de formación y perfeccionamiento del personal, siempre que para participar en tales acciones se requiera la previa propuesta favorable del Servicio de Salud en el que se esté destinado y que las bases de la convocatoria no establezcan lo contrario.

b) La percepción de pensión de jubilación por un régimen público de Seguridad Social será incompatible con la situación del personal emérito.

c) Las retribuciones del personal emérito, sumadas a su pensión de jubilación, no podrán superar las retribuciones que el interesado percibía antes de su jubilación, consideradas, todas ellas, en cómputo anual.

d) La percepción de pensión de jubilación parcial será compatible con las retribuciones derivadas de una actividad a tiempo parcial.

26. Las Comunidades Autónomas, en el ámbito de sus competencias, determinarán la limitación máxima de la jornada a tiempo parcial respecto a la jornada completa, con el límite máximo del:

a) El 80 % de la jornada ordinaria, en cómputo anual, o del que proporcionalmente corresponda si se trata de nombramiento temporal de menor duración.

b) El 75 % de la jornada ordinaria, en cómputo anual, o del que proporcionalmente corresponda si se trata de nombramiento temporal de menor duración.

c) El 70 % de la jornada ordinaria, en cómputo anual, o del que proporcionalmente corresponda si se trata de nombramiento temporal de menor duración.

d) El 50 % de la jornada ordinaria, en cómputo anual, o del que proporcionalmente corresponda si se trata de nombramiento temporal de menor duración.

27. Las retribuciones del personal estatutario que se orientan prioritariamente a la motivación del personal, a la incentivación de la actividad y la calidad del servicio, a la dedicación y a la consecución de los objetivos planificados, se denominan:

a) Retribuciones básicas.

b) Retribuciones especiales.

c) Retribuciones complementarias.

d) Retribuciones específicas.

28. Los efectos económicos de los nuevos trienios que se reconozcan al personal estatutario de los servicios de salud serán:

a) Del primer día del mismo mes en que perfecciona el trienio.

b) Del primer día del mes siguiente a su vencimiento.

c) El último día del mismo mes de su vencimiento.

d) Del mismo día en que se perfeccione el trienio.

29. Según el Estatuto Marco del personal estatutario, la situación de excedencia voluntaria por interés particular obliga a un periodo mínimo de permanencia en ella de:

a) Un año.
b) Dos años.
c) Doce meses.
d) No establece periodo mínimo.

30. Según el procedimiento ordinario para el acceso al sistema y el cambio de nivel de carrera profesional de licenciados y diplomados sanitarios del Servicio Aragonés de Salud, el mínimo de prestación de servicios requerido para el acceso al primer nivel es de:

a) 2 años.
b) 3 años.
c) 4 años.
d) 5 años.

Solución al test n.º 8

1. b) 15 minutos.

2. c) El incumplimiento del deber de respeto a la Constitución o al respectivo Estatuto de Autonomía en el ejercicio de sus funciones.

3. a) Los 6 años siguientes.

4. a) Los seis años.

5. b) A los dos años.

6. c) A los seis meses.

7. b) Los 6 meses.

8. c) Las pagas extraordinarias.

9. d) Las condiciones particulares de algunos puestos.

10. a) Podrá asignarse más de un complemento específico a cada puesto por una misma circunstancia.

11. c) Complemento específico.

12. b) Jornada complementaria.

13. b) Falta grave.

14. b) Toda actuación que suponga discriminación por razones ideológicas, morales, políticas, sindicales, de raza, lengua, género, religión o circunstancias económicas, personales o sociales, tanto del personal como de los usuarios.

15. a) 6 años.

16. a) Al cumplir los 65 años de edad.

17. a) Los cinco años inmediatamente anteriores.

18. a) Cuando adquiere carácter firme, supone la pérdida de la condición de personal estatutario.

19. d) Correspondientes a la plaza o puesto efectivamente desempeñado, salvo que sean inferiores a las que correspondan por la plaza de origen, en cuyo caso se percibirán estas.

20. d) Suspensión de funciones.

21. d) Formular alegaciones en cualquier fase del procedimiento.

22. b) Una falta grave.

23. a) Suspensión de funciones.

24. a) Ley 53/1984, de 26 de diciembre.

25. b) La percepción de pensión de jubilación por un régimen público de Seguridad Social será incompatible con la situación del personal emérito.

26. b) El 75 % de la jornada ordinaria, en cómputo anual, o del que proporcionalmente corresponda si se trata de nombramiento temporal de menor duración.

27. c) Retribuciones complementarias.

28. b) Del primer día del mes siguiente a su vencimiento.

29. b) Dos años.

30. d) 5 años.

TEST N.º 9

La igualdad de oportunidades entre mujeres y hombres en Aragón: Disposiciones generales. Prevención y Protección Integral a las Mujeres Víctimas de Violencia en Aragón: Disposiciones Generales. La identidad y expresión de género e igualdad social y no discriminación en la Comunidad Autónoma de Aragón: Disposiciones Generales. La diversidad cultural y lucha contra la discriminación: Principios y objetivos del Plan Integral para la Gestión de la Diversidad de Aragón

1. ¿Cómo define la Ley 4/2007, de 22 de marzo, de Prevención y Protección Integral a las Mujeres Víctimas de Violencia en Aragón, a la situación en que se produce cualquier comportamiento verbal, no verbal o físico no deseado de índole sexual con el propósito o el efecto de atentar contra la dignidad de una persona, en particular cuando se crea un entorno intimidatorio, hostil, degradante, humillante u ofensivo?

a) Malos tratos psicológicos.
b) Abuso sexual.
c) Acoso sexual.
d) Agresión sexual.

2. ¿Qué tipo de maltrato consiste, a tenor de la Ley 4/2007, de 22 de marzo, de Prevención y Protección Integral a las Mujeres Víctimas de Violencia en Aragón, en la privación intencionada y no justificada legalmente de recursos para el bienestar físico o psicológico de la víctima y de sus hijas e hijos, así como la discriminación en la disposición de los recursos compartidos en el ámbito familiar o de pareja?

a) Maltrato financiero.
b) Maltrato económico.
c) Maltrato social.
d) Maltrato psicológico.

3. ¿Qué tipo de discriminación habrá, según dispone la Ley 4/2018, de 19 de abril, de Identidad y Expresión de Género e Igualdad Social y no Discriminación de la Comunidad Autónoma de Aragón, cuando una persona haya sido, sea o pueda ser tratada de modo menos favorable que otra en situación análoga o comparable por motivos de orientación sexual, expresión o identidad de género o pertenencia a un grupo familiar?

a) Discriminación indirecta.
b) Discriminación por asociación.
c) Discriminación múltiple.
d) Discriminación directa.

4. Según la Ley 4/2018, de 19 de abril, de Identidad y Expresión de Género e Igualdad Social y no Discriminación de la Comunidad Autónoma de Aragón, ¿ante qué tipo de discriminación nos encontraremos cuando una disposición, criterio o práctica aparentemente neutro pueda ocasionar una desventaja particular a personas por motivos de orientación sexual, expresión o identidad de género o pertenencia a un grupo familiar?

a) Discriminación múltiple.
b) Discriminación directa.
c) Discriminación indirecta.
d) Discriminación por asociación.

5. ¿Qué clase de discriminación hay cuando una persona es objeto de discriminación como consecuencia de su relación con una persona, un grupo o una familia LGTBIQ?

a) Discriminación subjetiva.
b) Discriminación por error.
c) Discriminación por asociación.
d) Discriminación indirecta.

6. ¿Con qué palabra se define a cualquier tipo de discriminación por identidad o expresión de género?

a) Aporofobia.
b) Acrofobia.
c) Transfobia.
d) Sexfobia.

7. Señala uno de los derechos de las personas trans menores de edad reconocidos en la Ley 4/2018, de 19 de abril, de Identidad y Expresión de Género e Igualdad Social y no Discriminación de la Comunidad Autónoma de Aragón:

a) El derecho a ser oídos y expresar su opinión en atención a su madurez y desarrollo en relación con toda medida que se les aplique.

b) El derecho a recibir de la Administración de la Comunidad Autónoma de Aragón la protección y la atención necesarias para promover su desarrollo integral mediante actuaciones eficaces para su integración familiar y social en el marco de programas coordinados de la Administración sanitaria, laboral, de servicios sociales y educativa.

c) El derecho a recibir el tratamiento médico que precisen para su bienestar conforme a su transexualidad.

d) Todas las respuestas son correctas.

8. El consentimiento informado para recibir el tratamiento, de acuerdo con la Ley 41/2002, de 14 de noviembre, básica reguladora de la autonomía del paciente y de derechos y obligaciones en materia de información y documentación clínica, será otorgado cuando la persona trans esté incapacitada legalmente, por:

a) Su representante legal, pero deberá ser oído siempre conforme a lo establecido en el derecho civil aragonés.

b) La propia persona con la mera asistencia de su abogado o representante legal.

c) La propia persona sin necesidad de ser asistido por nadie.

d) El representante legal.

9. ¿Cómo se denomina la Unidad que presta servicios de asesoramiento a los profesionales que presten asistencia sanitaria en la Comunidad Autónoma a las personas transexuales que opten por la atención de proximidad?

a) Unidad de Apoyo y Asesoramiento de Género.

b) Unidad de Asistencia de Género (UAG).

c) Unidad de Atención a la Diversidad (UAD).

d) Unidad de Identidad de Género.

10. ¿Cuál de los siguientes no es uno de los principios a los que ha de ajustarse la recogida de datos sobre los diferentes tratamientos, terapias e intervenciones que se lleven a cabo sobre personas transexuales e intersexuales?

a) Especialidad.

b) Publicidad.

c) Proporcionalidad.

d) Transparencia.

11. ¿Qué dos artículos de la Constitución Española proclaman como valor superior de nuestro ordenamiento jurídico la igualdad de toda la ciudadanía, sin que pueda prevalecer discriminación alguna por razón de sexo?

a) Los artículos 1 y 9.3.

b) Los artículos 1 y 14.

c) Los artículos 9.3 y 14.

d) Los artículos 14 y 30.1.

12. ¿Qué artículo del Estatuto de Autonomía de Aragón establece que los poderes públicos aragoneses están vinculados por los derechos y libertades y deben velar por su protección y respeto, así como promover su pleno ejercicio?

a) El artículo 6.2.
b) El artículo 11.3.
c) El artículo 12.
d) El artículo 20.a).

13. El Estatuto de Autonomía de Aragón contempla en el artículo 12 que todas las personas tienen derecho a vivir con dignidad, seguridad y autonomía, libres de explotación, de malos tratos y de todo tipo de discriminación, y tienen derecho al libre desarrollo de:

a) Su capacidad personal y su identidad sexual.
b) Su identidad sexual y personalidad.
c) Su personalidad y capacidad personal.
d) Orientación e identidad sexual.

14. ¿Qué Departamento del Gobierno de Aragón ostentan la superior competencia en materia de igualdad de género?

a) El Departamento de Sanidad.
b) El Departamento de Participación Ciudadana.
c) El Departamento de Educación, Cultura y Deporte.
d) El Departamento de Ciudadanía y Derechos Sociales.

15. ¿En qué año entró en vigor el primer Plan de Acción Positiva para la mujer en Aragón?

a) En 1994.
b) En 1996.
c) En 1997.
d) En 2001.

16. La Ley 7/2018, de 28 de junio, de igualdad de oportunidades entre mujeres y hombres en Aragón, será de aplicación en el ámbito territorial de la Comunidad Autónoma de Aragón a:

a) Las entidades que integran la Administración local, sus organismos autónomos, consorcios, fundaciones y demás entidades con personalidad jurídica propia en los que sea mayoritaria la representación directa de dichas entidades.
b) Las universidades en la Comunidad Autónoma de Aragón.
c) Todas las entidades que conforman el sector público del Gobierno de Aragón.
d) Todas las respuestas son correctas.

17. A tenor de la Ley 4/2007, de 22 de marzo, de Prevención y Protección Integral a las Mujeres Víctimas de Violencia en Aragón, la coerción verbal, los insultos, el aislamiento o culpabilización, suponen malos tratos:

a) Verbales.
b) Sociales.
c) Psicológicos.
d) Físicos.

18. ¿En qué Título de la Ley 4/2018, de 19 de abril, de Identidad y Expresión de Género e Igualdad Social y no Discriminación de la Comunidad Autónoma de Aragón, se regula la atención sanitaria a las personas trans?

a) En el Título segundo.
b) En el Título tercero.
c) En el Título cuarto.
d) En el Título sexto.

19. El consentimiento informado para recibir el tratamiento, de acuerdo con la Ley 41/2002, de 14 de noviembre, básica reguladora de la autonomía del paciente y de derechos y obligaciones en materia de información y documentación clínica, será otorgado cuando la persona trans se encuentre emancipada o cuente con catorce años cumplidos, por:

a) La propia persona menor con la mera asistencia de sus padres o guardadores legales.
b) La propia persona con la mera asistencia de su abogado o representante legal.
c) La propia persona sin necesidad de ser asistido por nadie.
d) El representante legal.

20. ¿Cómo denomina la Ley 4/2018, de 19 de abril, de Identidad y Expresión de Género e Igualdad Social y no Discriminación de la Comunidad Autónoma de Aragón, a la situación en la que una persona o un grupo de personas son objeto de discriminación por identidad de género o expresión de género como consecuencia de una apreciación errónea?

a) Discriminación por error.
b) Discriminación negativa.
c) Discriminación nula.
d) Discriminación por defecto.

21. La variedad de situaciones en las cuales una persona nace con una anatomía reproductiva o genital que no parece encajar en las definiciones típicas de masculino y femenino, a tenor de la Ley 4/2018, de 19 de abril, de Identidad y Expresión de Género e Igualdad Social y no Discriminación de la Comunidad Autónoma de Aragón, se denomina:

a) Plurisexualidad.
b) Diversidad sexual.

c) Intersexualidad.
d) Multisexualidad.

22. ¿Qué siglas designan colectivamente a las personas lesbianas, gais, bisexuales, transexuales, intersexuales y queer?

a) LGTBI.
b) LGTBIYQ.
c) LGTBIQ.
d) LGTB.

23. Toda aquella persona que se identifica con un género diferente o que expresa su identidad de género de manera diferente al género que le asignaron al nacer, es denominada en la Ley 4/2018, de 19 de abril, de Identidad y Expresión de Género e Igualdad Social y no Discriminación de la Comunidad Autónoma de Aragón, como:

a) Intersexual.
b) Trans.
c) Queer.
d) Gay.

24. ¿De qué tipo de victimización hablamos cuando nos referimos al perjuicio causado a las personas que hagan expresión de su identidad de género que, siendo víctimas de discriminación, acoso o represalia, sufren las consecuencias adicionales de la mala o inadecuada atención por parte de los responsables administrativos, instituciones de salud, fuerzas y cuerpos de seguridad del Estado o cualquier otro agente implicado?

a) Victimización primaria.
b) Victimización secundaria.
c) Victimización terciaria.
d) Victimización residual.

25. Señala uno de los objetivos de la Ley 4/2018, de 19 de abril, de Identidad y Expresión de Género e Igualdad Social y no Discriminación de la Comunidad Autónoma de Aragón:

a) Que se respete la integridad física y psíquica, así como las opciones en relación con sus características sexuales y su vivencia de la identidad o expresión de género de todas las personas incluidas en el ámbito de aplicación de la Ley.
b) A ser tratado de conformidad a su identidad de género en los ámbitos públicos y privados y, en particular, a ser identificado y acceder a documentación acorde con dicha identidad.
c) Al reconocimiento de su identidad de género libremente manifestada.
d) Todas las respuestas son correctas.

26. El consentimiento informado para recibir el tratamiento, de acuerdo con la Ley 41/2002, de 14 de noviembre, básica reguladora de la autonomía del paciente y de derechos y obligaciones en materia de información y documentación clínica, será otorgado cuando la persona trans tenga más de doce años pero menos de catorce, por:

a) Su representante legal, pero deberá ser oído siempre conforme a lo establecido en el derecho civil aragonés.

b) La propia persona con la mera asistencia de su abogado o representante legal.

c) La propia persona sin necesidad de ser asistido por nadie.

d) El representante legal.

27. A tenor de la Ley 4/2018, de 19 de abril, de Identidad y Expresión de Género e Igualdad Social y no Discriminación de la Comunidad Autónoma de Aragón, cuando, además de discriminación por motivo de expresión o identidad de género o pertenencia a un grupo familiar, una persona sufre conjuntamente discriminación por otro motivo recogido en la legislación europea, nacional o autonómica, hablaremos de discriminación:

a) Diversa.

b) Mixta.

c) Plural.

d) Múltiple.

28. ¿Podrá ser recurrida la negativa de padres o tutores a autorizar tratamientos relacionados con la transexualidad?

a) No, en ningún caso.

b) Sí, ante el Departamento de Ciudadanía y Derechos Sociales cuando conste que puede causar un grave perjuicio o sufrimiento a la persona menor.

c) Sí, ante la autoridad judicial cuando conste que puede causar un grave perjuicio o sufrimiento a la persona menor.

d) Sí, ante la autoridad judicial y será necesario el dictamen previo del Departamento de Ciudadanía y Derechos Sociales donde conste que puede causar un grave perjuicio o sufrimiento a la persona menor.

29. Señala la respuesta incorrecta respecto a la atención sanitaria a personas intersexuales:

a) Se procurará conservar las gónadas con el fin de preservar un futuro aporte hormonal no inducido, incluyendo en los controles los marcadores tumorales.

b) El sistema sanitario público de Aragón evitará la realización de hormonación inducida hasta que la persona intersexual alcance la mayoría de edad.

c) Se formará al personal sanitario haciendo especial hincapié en el respeto, en la corrección de trato y en la privacidad.

d) El sistema sanitario público de Aragón velará por la erradicación de las prácticas de modificación genital en bebés recién nacidos, atendiendo únicamente a criterios quirúrgicos y en un momento en el que se desconoce cuál es la identidad real de la persona intersexual recién nacida.

30. ¿Qué Ley Orgánica ha supuesto un importante avance en la igualdad real entre mujeres y hombres y para la prevención de conductas discriminatorias, e implementa medidas transversales en todos los ámbitos de la vida política, jurídica y social con el fin de eliminar la discriminación contra las mujeres?

a) La Ley Orgánica 10/1995, de 23 de noviembre, del Código Penal.

b) La Ley Orgánica 13/2007, de 26 de noviembre, de medidas de prevención y protección integral contra la violencia de género.

c) La Ley Orgánica 3/2007, para la igualdad efectiva de mujeres y hombres.

d) La Ley Orgánica 1/2004, de 28 de diciembre, de Medidas de Protección Integral contra la Violencia de Género.

31. La Declaración Universal de la UNESCO sobre la diversidad cultural:

a) Se encuentra en proceso de negociación para su publicación.

b) Las Naciones Unidas y sus organismos no tienen competencia para regular estas cuestiones.

c) Dio respuesta a la demanda internacional sobre protección de la diversidad.

d) La diversidad es un aspecto que debe regularse por cada Estado Nacional en el ámbito de sus competencias y atendiendo al contexto y minorías presentes en su territorio.

32. La diversidad cultural:

a) Se refiere a la multiplicidad de formas en que se expresan las culturas de los grupos y sociedades.

b) Expresa la libertad de manifestación individual de las culturas de los grupos y comunidades.

c) Su regulación básica se encuentra en el Pacto Internacional sobre Derechos Económicos, Sociales y Culturales.

d) No tiene relación expresa con las minorías étnicas.

33. Como objetivo prioritario para favorecer la integración de las minorías en el sistema educativo es necesario la adopción de medidas que promuevan y favorezcan:

a) La estimulación precoz.

b) La escolarización de niños y niñas.

c) El acceso a la vivienda.

d) El acceso al trabajo.

34. La Constitución Española hace mención sobre la protección de las minorías a través de:

a) Capítulo II, título I, donde se regulan y garantizan los derechos y libertades fundamentales.

b) No hay una mención expresa a las minorías en el texto constitucional, aunque puede deducirse de un análisis global del articulado.

c) No se regula esa circunstancia y tenemos que remitirnos a los acuerdos y tratados internacionales firmados por España.

d) En el Preámbulo.

35. La Estrategia nacional para la inclusión social de la población gitana en España 2012-2020 establece las siguientes áreas clave para la inclusión social de la comunidad gitana:

a) Educación, empleo, vivienda y salud, así como unas líneas transversales complementarias.

b) Educación, empleo, vivienda y salud.

c) Únicamente unas líneas transversales que afectan a toda la esfera de la comunidad gitana.

d) Formación profesional, lucha contra la discriminación, igualdad de género y acceso normalizado a los recursos de los sistemas de protección social.

36. El pacto internacional de derechos civiles y políticos:

a) Es un tratado promovido por el Consejo de Europa que regula la protección específica a las minorías.

b) Se promulgó en el marco de la Organización de las Naciones Unidas en 1966.

c) También es conocido como Convenio de Roma.

d) Se trata de un protocolo adicional a la declaración universal de derechos humanos.

37. El Convenio Europeo para la Protección de los Derechos Humanos y de las Libertades Fundamentales:

a) Es uno de los tratados constitutivos de la Unión Europea.

b) Es conocido como Convenio de Roma y su objetivo es la protección de los derechos humanos y las libertades fundamentales en el ámbito europeo, promovido por la Unión Europea.

c) No tiene disposiciones de aplicación o de interés para la protección de las minorías.

d) Es conocido como Convenio de Roma y su objetivo es la protección de los derechos humanos y las libertades fundamentales en el ámbito europeo, promovido por el Consejo de Europa.

38. El programa europeo Daphne III tiene entre sus objetivos:

a) Promover el desarrollo y el respeto de los derechos fundamentales, mediante el diálogo, la lucha contra cualquier forma de discriminación y el intercambio y la generación de redes.

b) Contribuir a la protección de los niños, los jóvenes y las mujeres de todas las formas de violencia y alcanzar un elevado nivel de protección de la salud, bienestar y cohesión social.

c) Aportar ayuda financiera a la realización de los objetivos de la Unión Europea en el ámbito del empleo y los asuntos sociales.

d) Fomentar la salud, prevenir las enfermedades y propiciar los estilos de vida saludables, teniendo en cuenta el principio de "salud en todas las políticas", así como facilitar el acceso de los ciudadanos de la UE a una sanidad mejor y más segura.

39. Entre las funciones del Observatorio Español del Racismo y la Xenofobia no se encuentra:

a) Recopilación y análisis de la información sobre racismo y xenofobia para el conocimiento de la situación y de sus perspectivas de evolución, a través de la puesta en marcha de una red de información.

b) Promoción del principio de igualdad de trato y no discriminación y lucha contra el racismo y la xenofobia.

c) Prestar asistencia independiente a las víctimas de discriminación racial o étnica, tanto directa o como indirecta, a la hora de tramitar sus reclamaciones.

d) Colaboración y coordinación con los distintos agentes públicos y privados, nacionales e internacionales vinculados con la prevención y lucha contra el racismo y la xenofobia.

40. El programa europeo Progress se dirige a:

a) Es una estrategia global de la comisión europea sobre las políticas europeas de inclusión con comunidad gitana.

b) Aportar ayuda financiera a la realización de los objetivos de la Unión Europea en el ámbito del empleo y los asuntos sociales.

c) Coordinar la promoción de la década para la inclusión gitana.

d) Promover el desarrollo y el respeto de los derechos fundamentales, mediante el diálogo, la lucha contra cualquier forma de discriminación y el intercambio y la generación de redes.

41. Señala cuál de los siguientes no es uno de los principios rectores del Plan Integral para la Gestión de la Diversidad Cultural de Aragón 2022-2025:

a) Globalidad.
b) Interculturalidad.
c) Equidad.
d) Perspectiva integral.

Solución al test n.º 9

1. c) Acoso sexual.

2. b) Maltrato económico.

3. d) Discriminación directa.

4. c) Discriminación indirecta.

5. c) Discriminación por asociación.

6. c) Transfobia.

7. d) Todas las respuestas son correctas.

8. d) El representante legal.

9. d) Unidad de Identidad de Género.

10. b) Publicidad.

11. b) Los artículos 1 y 14.

12. a) El artículo 6.2.

13. c) Su personalidad y capacidad personal.

14. d) El Departamento de Ciudadanía y Derechos Sociales.

15. a) En 1994.

16. d) Todas las respuestas son correctas.

17. c) Psicológicos.

18. a) En el Título segundo.

19. a) La propia persona menor con la mera asistencia de sus padres o guardadores legales.

20. a) Discriminación por error.

21. c) Intersexualidad.

22. c) LGTBIQ.

23. b) Trans.

24. b) Victimización secundaria.

25. d) Todas las respuestas son correctas.

26. a) Su representante legal, pero deberá ser oído siempre conforme a lo establecido en el derecho civil aragonés.

27. d) Múltiple.

28. c) Sí, ante la autoridad judicial cuando conste que puede causar un grave perjuicio o sufrimiento a la persona menor.

29. b) El sistema sanitario público de Aragón evitará la realización de hormonación inducida hasta que la persona intersexual alcance la mayoría de edad.

30. c) La Ley Orgánica 3/2007, para la igualdad efectiva de mujeres y hombres.

31. c) Dio respuesta a la demanda internacional sobre protección de la diversidad.

32. a) Se refiere a la multiplicidad de formas en que se expresan las culturas de los grupos y sociedades.

33. b) La escolarización de niños y niñas.

34. b) No hay una mención expresa a las minorías en el texto constitucional, aunque puede deducirse de un análisis global del articulado.

35. a) Educación, empleo, vivienda y salud, así como unas líneas transversales complementarias.

36. b) Se promulgó en el marco de la Organización de las Naciones Unidas en 1966.

37. d) Es conocido como Convenio de Roma y su objetivo es la protección de los derechos humanos y las libertades fundamentales en el ámbito europeo, promovido por el Consejo de Europa.

38. b) Contribuir a la protección de los niños, los jóvenes y las mujeres de todas las formas de violencia y alcanzar un elevado nivel de protección de la salud, bienestar y cohesión social.

39. c) Prestar asistencia independiente a las víctimas de discriminación racial o étnica, tanto directa o como indirecta, a la hora de tramitar sus reclamaciones.

40. b) Aportar ayuda financiera a la realización de los objetivos de la Unión Europea en el ámbito del empleo y los asuntos sociales.

41. a) Globalidad.

El sistema sanitario. Niveles asistenciales. Organización de los servicios sanitarios en Aragón. Estructura del Departamento de Sanidad de Aragón y del Servicio Aragonés de la Salud. Los sectores sanitarios

1. Según el artículo 6 de la Ley General de Sanidad, las actuaciones de las Administraciones Públicas Sanitarias estarán orientadas a:

a) La promoción de la salud, garantizar la asistencia sanitaria en todos los casos de pérdida de la salud y a promover el interés individual, familiar y social por la salud mediante la adecuada educación sanitaria de la población.
b) Que los ciudadanos sean atendidos en los Hospitales.
c) Que exista una red de servicios de salud para atender a la comunidad.
d) Promocionar actuaciones en la población que fomenten el autocuidado y elaborar estrategias globales de educación sanitaria.

2. ¿Cuál es la definición de Sistema Nacional de Salud que establece la Ley General de Sanidad (Ley 14/1986, de 25 de abril)?

a) Es el conjunto de los Servicios de Salud de las Comunidades Autónomas, coordinados en el Consejo Interterritorial del Sistema Nacional de Salud.
b) Es el conjunto de los Servicios de Salud dependientes del Instituto Nacional de la Salud y de los Servicios de Salud de las Comunidades Autónomas en los términos establecidos en la Ley General de Sanidad.
c) Es el conjunto de los Servicios de Salud de la Administración del Estado y de los Servicios de Salud de las Comunidades Autónomas en los términos establecidos en la Ley General de Sanidad.
d) Es el conjunto de los servicios de Salud de las Comunidades Autónomas y de las Corporaciones Locales en los términos establecidos en la Ley General de Sanidad.

3. La inclusión de nuevas prestaciones sanitarias en el Sistema de Salud de Aragón requerirá la aprobación de:

a) Las Cortes de Aragón.
b) El Consejo de Gobierno.

c) El Departamento de Sanidad.
d) El Ministerio de Sanidad.

4. Para la realización de la planificación sanitaria y la evaluación continuada de la calidad de los servicios y prestaciones sanitarias, el Departamento responsable de Salud establecerá el Sistema de Información de Salud, en colaboración con:

a) El Ministerio de Sanidad.
b) El Departamento de Hacienda y Administración Pública.
c) Las Diputaciones Provinciales.
d) El Instituto Aragonés de Estadística.

5. Señale la respuesta correcta para la siguiente definición. Es el conjunto de actuaciones sanitarias y no sanitarias que tienen como fin promover y mejorar la salud de las personas y de la colectividad, y prevenir su deterioro actuando sobre ellas y sobre los factores que pueden producir enfermedad, además de colaborar en la conservación de un entorno saludable:

a) La atención primaria.
b) La salud pública.
c) El sistema sanitario.
d) La atención sociosanitaria.

6. Las zonas de salud serán delimitadas por:

a) Las Cortes de Aragón.
b) El Consejo de Gobierno.
c) El Departamento responsable de salud.
d) El Consejo de Salud de Aragón.

7. No es una competencia del Departamento de Sanidad de Aragón:

a) Definir y desarrollar las Estrategias de Salud en la Comunidad Autónoma.
b) Planificar, evaluar y controlar la organización asistencial del Sistema de Salud de Aragón.
c) Proceder a la estructuración, ordenación y planificación territorial en materia de salud.
d) Aprobar el Plan de Salud de Aragón.

8. Corresponde al Consejero de Sanidad:

a) Aprobar la estructura orgánica de su Departamento.
b) Aprobar el presupuesto de su Departamento.
c) Aprobar el reglamento del Servicio Aragonés de Salud.
d) Aprobar la memoria anual de actuación del Servicio Aragonés de Salud.

9. ¿A qué Dirección está adscrito el Servicio de Seguridad Alimentaria y Salud Ambiental?

a) Dirección General de Asistencia Sanitaria y Planificación.
b) Dirección General de Salud Pública.
c) Dirección General de Salud Digital e Infraestructuras.
d) Dirección General de Cuidados y Humanización.

10. NO es un Servicio de la Dirección General de Asistencia Sanitaria y Planificación:

a) Servicio de Personal, Planificación y Coordinación.
b) Servicio de Oferta Asistencial.
c) Servicio de Prestaciones y Contratación Sanitaria.
d) Servicio de Estrategias de Salud y Formación.

11. ¿A qué órgano se adscribe el Servicio de Educación, Participación y Derechos de los Pacientes?

a) A la Secretaría General Técnica.
b) A la DG de Asistencia Sanitaria y Planificación.
c) A la DG de Salud Digital e Infraestructuras.
d) A la DG de Cuidados y Humanización.

12. ¿A quién corresponde el seguimiento y control de la prestación de incapacidad temporal?

a) A los Servicios Provinciales.
b) A los Centros de Salud.
c) Al Servicio de Prevención de Riesgos laborales.
d) A los Equipos de Salud correspondientes.

13. ¿Cuál de los siguientes organismos públicos no está adscrito al Departamento de Sanidad?

a) Servicio Aragonés de Salud.
b) Instituto Aragonés de Ciencias de la Salud.
c) Banco de Sangre y Tejidos.
d) Instituto Aragonés de Servicios Sociales.

14. El Servicio de Evaluación y Acreditación forma parte de la estructura de:

a) La Dirección General de Salud Digital e Infraestructuras.
b) La Secretaría General Técnica.
c) La Dirección General de Salud Pública.
d) La Dirección General de Asistencia Sanitaria y Planificación.

15. No es un órgano de la Secretaría General Técnica del Departamento de Sanidad:

a) Servicio de Información, Transparencia y Participación.
b) Servicio de Gestión Económica, Contratación y Asuntos Generales.
c) Servicio de Personal, Planificación y Coordinación.
d) Servicio de Asuntos Jurídicos.

16. ¿Cuál de las siguientes no constituye una línea asistencial en la estructura de las áreas y sectores del Sistema de Salud de Aragón?

a) La atención especializada.
b) La atención a la salud mental.
c) La atención sociosanitaria.
d) La atención psicosocial.

17. ¿Cuántos representantes de la Administración Sanitaria del Sector, forman parte del Consejo Rector del Área de Salud?

a) Cinco.
b) Tres.
c) Dos.
d) Ninguno.

18. Respecto a las Gerencias del Sector no es cierto que:

a) Son órganos desconcentrados.
b) Son órganos organizativos e instrumentales.
c) Gestionan los recursos sanitarios necesarios para la asistencia sanitaria de los centros y unidades de su territorio.
d) Son órganos consultivos.

19. Respecto a la línea asistencial de Atención Primaria, no es cierto que:

a) Garantiza la globalidad y continuidad de la atención a lo largo de toda la vida del paciente.
b) Comprende actividades tales como la educación sanitaria.
c) Una de las líneas de actuación es la salud bucodental.
d) Una de las líneas de actuación es la asistencia en hospital de día.

20. El Área de Salud será dirigida por un órgano propio denominado:

a) Consejo de Dirección.
b) Consejo Rector.
c) Departamento de Salud y Consumo.
d) Gerencia del Sector.

21. ¿A quién le corresponde el seguimiento, control y evaluación de los objetivos y medidas establecidas en los Contratos de Gestión del Área de Salud?

a) Al Consejo de Dirección.
b) Al Consejo Rector.
c) Al Departamento de Sanidad.
d) Al Gerente del Sector.

22. Respecto al Director de Gestión y Servicios Generales no es cierto que:

a) Proporciona a los demás órganos directivos, soporte administrativo y técnico específico, así como los servicios generales necesarios para el cumplimiento de sus objetivos.
b) Debe tener título universitario.
c) Tendrá dedicación exclusiva.
d) Será nombrado por el Director Gerente del Servicio Aragonés de Salud, a propuesta del Consejero del Departamento responsable en materia de salud.

23. El Director de Gestión y Servicios Generales del Sector actuará de conformidad con las competencias que tiene atribuidas:

a) Bajo la dependencia funcional de la Gerencia del Sector.
b) Bajo la dependencia orgánica de la Gerencia del Sector.
c) Bajo la dependencia orgánica del Director Gerente del Servicio Aragonés de Salud.
d) Bajo la dependencia orgánica del Consejero de Sanidad.

24. Según el artículo 21 del Decreto Legislativo 2/2004, de 30 de diciembre, por el que se aprueba el Texto Refundido de la Ley del Servicio Aragonés de Salud, en el Consejo de Salud de Zona habrá:

a) Un representante de cada consejo escolar constituido en la zona de salud.
b) Un veterinario con ejercicio profesional en la zona de salud.
c) Dos farmacéuticos con ejercicio profesional en la zona de salud.
d) Un representante del equipo de atención primaria, elegido por el coordinador del equipo.

25. ¿Cuál de las siguientes es una competencia de la Dirección de Área de Coordinación Asistencial?

a) La elaboración, seguimiento y evaluación de los contratos de gestión en los centros del Servicio Aragonés de Salud.
b) La gestión de la Tesorería del Organismo.
c) La propuesta de fijación de plantillas de personal de los diversos centros y servicios y sus modificaciones.
d) La coordinación de las actividades de gestión y desarrollo profesional.

26. Conforme al artículo 36 del Decreto Legislativo 2/2004, de 30 de diciembre, por el que se aprueba el Texto Refundido de la Ley del Servicio Aragonés de Salud, ¿cuál es la estructura física y funcional de referencia para las actividades de atención primaria en la zona de salud?

a) El hospital.
b) El consultorio local.
c) El centro de salud.
d) El equipo de atención primaria.

27. ¿A qué Sector corresponde el área de salud VIII en el Sistema de Salud de Aragón?

a) Sector de Zaragoza III.
b) Sector de Teruel.
c) Sector de Huesca.
d) Sector de Alcañiz.

28. ¿En virtud de qué principio informador se realizarán desde cada Sector las prestaciones correspondientes a la atención primaria, atención especializada, atención a la salud mental y atención sociosanitaria?

a) Principio de atención global.
b) Principio de atención continuada.
c) Principio de atención integral.
d) Principio de equidad.

29. ¿Cuántos representantes de las corporaciones locales incluidas en el Área habrá en el Consejo Rector del Área de Salud?

a) Uno.
b) Dos.
c) Tres.
d) Cuatro.

30. En cada Dirección de Atención Primaria podrá existir una Comisión de Dirección como órgano de carácter:

a) Asesor.
b) Ejecutivo.
c) Administrativo.
d) Asistencial.

Solución al test n.º 10

1. a) La promoción de la salud, garantizar la asistencia sanitaria en todos los casos de pérdida de la salud y a promover el interés individual, familiar y social por la salud mediante la adecuada educación sanitaria de la población.

2. c) Es el conjunto de los Servicios de Salud de la Administración del Estado y de los Servicios de Salud de las Comunidades Autónomas en los términos establecidos en la Ley General de Sanidad.

3. b) El Consejo de Gobierno.

4. d) El Instituto Aragonés de Estadística.

5. b) La salud pública.

6. c) El Departamento responsable de salud.

7. d) Aprobar el Plan de Salud de Aragón.

8. d) Aprobar la memoria anual de actuación del Servicio Aragonés de Salud.

9. b) Dirección General de Salud Pública.

10. a) Servicio de Personal, Planificación y Coordinación.

11. c) A la DG de Salud Digital e Infraestructuras.

12. a) A los Servicios Provinciales.

13. d) Instituto Aragonés de Servicios Sociales.

14. d) La Dirección General de Asistencia Sanitaria y Planificación.

15. a) Servicio de Información, Transparencia y Participación.

16. d) La atención psicosocial.

17. b) Tres.

18. d) Son órganos consultivos.

19. d) Una de las líneas de actuación es la asistencia en hospital de día.

20. b) Consejo Rector.

21. d) Al Gerente del Sector.

22. d) Será nombrado por el Director Gerente del Servicio Aragonés de Salud, a propuesta del Consejero del Departamento responsable en materia de salud.

23. b) Bajo la dependencia orgánica de la Gerencia del Sector.

24. b) Un veterinario con ejercicio profesional en la zona de salud.

25. d) La coordinación de las actividades de gestión y desarrollo profesional.

26. c) El centro de salud.

27. b) Sector de Teruel.

28. a) Principio de atención global.

29. d) Cuatro.

30. a) Asesor.

TEST N.º 11

Metodología de la Investigación: El método científico. Diseño de un proyecto de investigación.
Estadística aplicada a los estudios de Medicina

1. ¿Cómo se denomina el estudio de las variables en un determinado momento?

a) Prospectivo.
b) Retrospectivo.
c) Transversal.
d) Longitudinal.

2. ¿Cómo se denominan las variables que pueden alterar la relación entre el factor de estudio y alguna que otra variable independiente, anulando la relación primaria?

a) Variables de distorsión.
b) Variables accidentales.
c) Variables independientes.
d) Factores de confusión.

3. ¿En qué etapa del método científico se lleva a cabo la refutación de los datos y conclusiones?

a) En la etapa interpretativa.
b) En la etapa empírica.
c) En la etapa conceptual.
d) En la etapa final.

4. ¿Qué tipo de fuente documental escrita son las revistas científicas y las tesis doctorales?

a) Fuentes gráficas.
b) Fuentes primarias.
c) Fuentes secundarias.
d) Fuentes bibliográficas.

5. Indica uno de los principios de evaluación de las fuentes:

a) Seguridad en el contenido.
b) Vigencia.
c) Pertinencia.
d) Todas las respuestas son correctas.

6. La inmersión en el fenómeno de forma que se conozca tan amplia y exhaustivamente como sea posible, se denomina:

a) Transferencia.
b) Modelación.
c) Saturación.
d) Confirmación.

7. ¿Cómo se denomina al error que se define como la dispersión existente entre los valores de las medidas producidas respecto al valor de la medida real?

a) Error diferencial.
b) Error secundario o residual.
c) Error de dispersión.
d) Error muestral.

8. ¿Cómo se denomina al muestreo en el que, al elegir una muestra aleatoria, existe la misma probabilidad de selección de otras de igual tamaño, y por ello, cada individuo debe tener la misma probabilidad de ser escogido dentro de la población?

a) Muestreo aleatorio simple.
b) Muestreo aleatorio sistemático.
c) Muestreo estratificado.
d) Muestreo por conglomerado.

9. ¿Qué tipo de estadística tiene por objetivo el examen de todos los individuos de un conjunto y la descripción de las variables aleatorias en la muestra estudiada?

a) La estadística general.
b) La estadística inferencial.
c) La estadística diferencial.
d) La estadística descriptiva.

10. Una de las ventajas de estudiar una población a partir de sus muestras es:

a) Mayor rapidez.
b) Evita las pérdidas que supone el ser medido en algunos casos.
c) Su reducido coste.
d) Todas las respuestas son correctas.

11. ¿Qué tipo de variables cuantitativas pueden tomar cualquier valor real dentro de un intervalo?

a) Todas.
b) Las continuas.
c) Las discretas.
d) Las ordinales.

12. La medida usada para describir alguna característica de una población se denomina:

a) Parámetro.
b) Valor.
c) Diferencial.
d) Variable.

13. Cuando la investigación se ha hecho sobre todos y cada uno de los elementos que constituyen la población se habla de estudio exhaustivo o:

a) Estudio por muestreo.
b) Estudio general.
c) Censo.
d) Estudio sistemático.

14. La diferencia entre el mayor y menor de los datos se denomina:

a) Rango.
b) Marca de clase.
c) Frecuencia de clase.
d) Sector de campo.

15. ¿Qué tipo de gráfico emplearía para representar variables cuantitativas, con datos discretos y ordinales?

a) Diagrama de barras.
b) Histograma.
c) Polígono de frecuencias.
d) Diagrama de sectores.

16. Señala la respuesta incorrecta respecto a la mediana:

a) La mediana no tiene sentido con datos cualitativos no ordinales, por no existir en ellos un orden.
b) A diferencia de la media, la mediana de una variable discreta es siempre un valor de la variable que estudiamos.

c) La mediana tiene unas propiedades matemáticas muy simples, lo que hace que sea muy fácil de utilizar en inferencia estadística.

d) No se ve afectada por las observaciones extremas, ya que no depende de los valores que toma la variable, sino del orden de las mismas.

17. La diferencia entre el valor máximo y el valor mínimo de la muestra ordenada se denomina:

a) Amplitud.
b) Rango.
c) Recorrido.
d) Todas las respuestas son correctas.

18. La raíz cuadrada de la varianza es:

a) La media aritmética.
b) La desviación típica.
c) La amplitud intercuartil.
d) La desviación media.

19. ¿Qué tipo de prueba se utiliza en diseños del tipo antes y después, con variables medidas en una escala nominal u ordinal?

a) La prueba de Wald-Wolfowitz.
b) La prueba T de Wilcoxon.
c) La prueba U de Mann-Whitney.
d) La prueba de McNemar.

20. ¿Cómo se denomina el muestreo donde exclusivamente se toma una muestra del universo de estudio?

a) Muestreo único.
b) Muestreo universal.
c) Muestreo simple.
d) Muestreo individual.

21. ¿Cómo se denominan las variables que solo recogen información sobre una característica, como por ejemplo, la edad de los alumnos de una clase?

a) Discretas.
b) Variables unidimensionales.
c) Variables simples.
d) Variables ordinales.

22. ¿En qué clase de muestreo todos los elementos de la población tienen la misma probabilidad de ser extraídos?

a) En el muestreo puro.
b) En el muestreo general o absoluto.
c) En el muestreo probabilístico.
d) En el muestreo simple.

23. ¿Qué nombre recibe también el muestreo a criterio, es decir, aquel en que se escoge a dedo entre la población accesible a los individuos que se suponen más apropiados?

a) Judgmental sampling.
b) Muestreo de conveniencia.
c) Muestreo de casos consecutivos.
d) Wald-Wolfowitz sampling.

24. ¿Qué tipo de gráfico emplearías para representar variables cualitativas y variables cuantitativas discretas?

a) Diagrama de barras.
b) Histograma.
c) Polígono de frecuencias.
d) Diagrama de sectores.

25. El promedio de los valores de la muestra se denomina:

a) Mediana.
b) Moda.
c) Media aritmética.
d) Ninguna respuesta es correcta.

26. ¿Qué tipo de prueba se utiliza para ver si dos grupos independientes proceden o no de la misma población?

a) La prueba de Wald-Wolfowitz.
b) La prueba de T de Wilcoxon.
c) La prueba de los signos.
d) La prueba U de Mann-Whitney.

27. ¿Qué prueba utilizaría para comparar tres o más muestras cuando los datos han sido recogidos, al menos, en una escala ordinal?

a) La prueba de T de Wilcoxon.
b) La prueba F de Friedman.
c) La prueba Q de Cochran.
d) La prueba H de Kruskal-Wallis.

28. Señala la respuesta correcta respecto a la población de la muestra:

a) Es el grupo o conjunto sobre el cual el investigador quiere hacer una inferencia.
b) Es el total de unidades a considerar.
c) La mayor parte de las veces es muy grande y algunas veces es hipotética.
d) Todas las respuestas son correctas.

29. Señala la respuesta incorrecta:

a) Si se quiere aumentar la precisión sin sacrificar el nivel de confianza, solo queda disminuir la muestra.
b) La estadística inferencial proporciona las técnicas para estimar o deducir características de la población a partir de las de la muestra.
c) La precisión del intervalo de confianza viene dada por su amplitud, de forma que a menor amplitud, más preciso es.
d) La consistencia quiere decir que cuando el tamaño de la muestra se amplía el valor del estimador se acerca más al real.

30. ¿Cómo se denominan los muestreos basados en la estrategia por parte del técnico para seleccionar a los individuos más típicos o representativos de la población de estudio?

a) Muestreos de juicio.
b) Muestreos opinativos.
c) Muestreos en "bola de nieve".
d) Muestreos incidentales.

31. ¿Cómo se denominan los muestreos en los que los individuos que van a componer la muestra se incluyen en el estudio a medida que se van presentando en un lugar preciso, sin ningún otro criterio, solo el de salir al paso del técnico o porque están más a mano del mismo?

a) Muestreos de juicio.
b) Muestreos accidentales.
c) Muestreos en "bola de nieve".
d) Muestreos incidentales.

32. ¿Qué tipo de muestreo se realiza con poblaciones muy grandes, como por ejemplo, un país entero, por lo que se convierte en un proceso muy complejo?

a) El muestreo por conglomerado.
b) El muestreo estratificado.
c) El muestreo aleatorio sistemático.
d) El muestreo aleatorio proporcional.

33. Conocer los individuos del conjunto (población) a partir de una muestra y así poder obtener conclusiones en las condiciones en las cuales son válidas, define a la estadística:

a) Diferencial.
b) Inferencial.
c) Descriptiva.
d) Correlacional.

34. Cualquier elemento que porte información sobre el fenómeno que se estudia, se denomina:

a) Población.
b) Muestra.
c) Individuo.
d) Todas las respuestas son correctas.

35. ¿Qué tipo de variables cuantitativas solo pueden tomar valores enteros?

a) Las discretas.
b) Las continuas.
c) Las ordinales.
d) Las nominales.

36. Las variables que recogen información sobre tres o más características, por ejemplo, edad, altura y peso de los alumnos de una clase, se denominan:

a) Variables compuestas.
b) Variables mixtas.
c) Variables múltiples.
d) Variables pluridimensionales.

37. El grado en que los hallazgos de un estudio pueden transferirse a otro contexto similar, se denomina:

a) Trasposición.
b) Polivalencia.
c) Transferencia.
d) Exportación.

38. Las variables cualitativas, es decir, aquellas que no se pueden medir numéricamente, pueden ser:

a) Únicas o múltiples.
b) Discretas o continuas.

c) Nominales u ordinales.
d) Sencillas o complejas.

39. El método científico se caracteriza por:

a) Tener un enfoque sistemático.
b) Partir de un supuesto de que existe una realidad objetiva.
c) Su empirismo.
d) Todas las respuestas son correctas.

40. ¿En qué etapa del método científico se lleva a cabo la planificación y diseño del estudio y justificación de la elección?

a) En la etapa interpretativa.
b) En la etapa empírica.
c) En la etapa conceptual.
d) En la etapa teórica.

Solución al test n.º 11

1. c) Transversal.

2. d) Factores de confusión.

3. a) En la etapa interpretativa.

4. b) Fuentes primarias.

5. d) Todas las respuestas son correctas.

6. c) Saturación.

7. d) Error muestral.

8. a) Muestreo aleatorio simple.

9. d) La estadística descriptiva.

10. d) Todas las respuestas son correctas.

11. b) Las continuas.

12. a) Parámetro.

13. c) Censo.

14. a) Rango.

15. c) Polígono de frecuencias.

16. c) La mediana tiene unas propiedades matemáticas muy simples, lo que hace que sea muy fácil de utilizar en inferencia estadística.

17. d) Todas las respuestas son correctas.

18. b) La desviación típica.

19. d) La prueba de McNemar.

20. c) Muestreo simple.

21. b) Variables unidimensionales.

22. c) En el muestreo probabilístico.

23. a) Judgmental sampling.

24. a) Diagrama de barras.

25. c) Media aritmética.

26. d) La prueba U de Mann-Whitney.

27. b) La prueba F de Friedman.

28. d) Todas las respuestas son correctas.

29. a) Si se quiere aumentar la precisión sin sacrificar el nivel de confianza, solo queda disminuir la muestra.

30. b) Muestreos opinativos.

31. b) Muestreos accidentales.

32. a) El muestreo por conglomerado.

33. b) Inferencial.

34. c) Individuo.

35. a) Las discretas.

36. d) Variables pluridimensionales.

37. c) Transferencia.

38. c) Nominales u ordinales.

39. d) Todas las respuestas son correctas.

40. b) En la etapa empírica.

El método epidemiológico. Epidemiología descriptiva: tipos de estudios, tasas e indicadores. Epidemiología analítica: tipos de estudios. Riesgo relativo, riesgo atribuible y Odds Ratio. Sesgos

1. ¿Quién fue el primero que definió, en 1927, la epidemiología como la ciencia de las enfermedades infecciosas entendida como fenómeno de masas, consagrada al estudio de su historia natural y de su propagación con arreglo a una determinada filosofía?

a) B. MacMahon.
b) Jenicek.
c) W.H. Frost.
d) T.F. Pugh.

2. ¿En qué etapa del método epidemiológico se lleva a cabo la elaboración de una hipótesis?

a) En la etapa descriptiva.
b) En la etapa analítica.
c) En la etapa experimental.
d) En la etapa teórica.

3. Señala uno de los objetivos de la epidemiología:

a) Descripción de la historia natural de la enfermedad.
b) Explicación de los patrones locales de la enfermedad.
c) Propósitos administrativos.
d) Todas las respuestas son correctas.

4. ¿En qué etapa del método epidemiológico se lleva a cabo la tabulación y comparación de los datos observados?

a) En la etapa descriptiva.
b) En la etapa analítica.
c) En la etapa experimental.
d) En la etapa teórica.

5. Cuando las manifestaciones precoces de la enfermedad condicionan cambios en la exposición, hablamos de sesgo:

a) De memoria.
b) Mental.
c) Anamnésico.
d) Protopático.

6. ¿Cuál es la característica más importante de las personas en la epidemiología descriptiva?

a) El sexo.
b) La raza.
c) La edad.
d) El nivel socioeconómico.

7. ¿Cómo se denomina al momento en que una persona se incorpora al estudio?

a) Tiempo inicial.
b) Tiempo epidemiológico.
c) Tiempo "cero".
d) Tiempo base.

8. ¿En qué tipo de cohorte de estudio sus integrantes pueden ingresar a seguimiento en diferentes momentos durante el periodo que este dure, pudiendo tener, por tanto, los miembros de esta cohorte tiempos de exposición heterogéneos?

a) En la cohorte dinámica.
b) En la cohorte abierta.
c) En la cohorte cerrada.
d) Las respuestas a) y b) son correctas.

9. La incidencia acumulada se calcula considerando todos los sujetos que presentaron el proceso en estudio independientemente del momento en el cual lo presentaron. Su cálculo aplica cuando se trate de una cohorte:

a) Cerrada.
b) Abierta.
c) Dinámica.
d) En todo tipo de cohortes.

10. Indica una de las ventajas de los estudios de cohortes:

a) Permite el cálculo directo de incidencia y de riesgos.
b) Son muy útiles para verificar asociaciones causales, formular hipótesis de prevención y explorar los efectos que conlleva la exposición.

c) Permite análisis de multiefectividad.
d) Todas las respuestas son correctas.

11. Señala la respuesta incorrecta respecto a las ventajas e inconvenientes de los estudios de casos-control:

a) Son relativamente poco costosos.
b) Son aplicables en enfermedades raras y de períodos de latencia largos.
c) No se da la aleatoriedad al ser escasos los casos.
d) Mejor estimación del riesgo que en los estudios de cohortes.

12. ¿Qué tipo de validez se refiere al grado en que el estudio refleja y explica la verdadera situación analizada, que se refiere principalmente a los errores cometidos durante el proceso de selección de la población de estudio, durante las mediciones que se realizan en dicha población o a errores ocasionados por la falta de comparabilidad de los grupos estudiados, entre ellos mismos?

a) La validez interna.
b) La validez externa.
c) La validez formal.
d) La validez experimental.

13. ¿Qué tipo de error ocurre cuando las mediciones repetidas, ya sean en un mismo sujeto o en diferentes miembros de la población en estudio, varían de manera no predecible?

a) El error formal.
b) El error aleatorio.
c) El error sistemático.
d) El error no aleatorio.

14. La carencia de error aleatorio es lo que se conoce como:

a) Validez.
b) Precisión.
c) Precisión.
d) Eficacia.

15. Uno de los datos estándar que tipifican cualquier fenómeno epidemiológico es:

a) El lugar.
b) El tiempo.
c) La persona.
d) Todas las respuestas son correctas.

16. ¿Qué clase de sesgos se refieren a los errores que se introducen durante el seguimiento de la población en estudio?

a) Los sesgos de selección.
b) Los sesgos de información.
c) Los sesgos de confusión.
d) Los sesgos de clasificación.

17. Los sesgos de selección se dan con mayor frecuencia en estudios:

a) Retrospectivos.
b) Transversales.
c) Prospectivos.
d) Las respuestas a) y b) son correctas.

18. Los errores que ocurren cuando medimos la exposición, en la medición o identificación de los efectos o eventos, que se presentan en grado diferente entre cada uno de los grupos que se comparan, y que ocasionan una conclusión errónea, constituyen el sesgo de:

a) Selección.
b) Información.
c) Confusión.
d) Medición.

19. ¿Qué tipo de sesgo ocurre si se escogen enfermos hospitalizados, ya que estos no son representativos de la población, y además existen factores diversos que dan lugar a la hospitalización y que puede alterar la relación?

a) El sesgo de detección.
b) La falacia de Neyman.
c) El sesgo de autoselección.
d) El sesgo o paradoja de Berkson.

20. Indica una de las situaciones más comunes que dan lugar al error diferencial en la clasificación:

a) Cuando los datos de exposición son dependientes de la memoria del sujeto.
b) Cuando son distintos los entrevistadores en unos y en otros.
c) Cuando las manifestaciones precoces de la enfermedad condicionan cambios en la exposición.
d) Todas las respuestas son correctas.

21. ¿En qué etapa del método epidemiológico se lleva a cabo la observación del fenómeno?

a) En la etapa descriptiva.
b) En la etapa analítica.

c) En la etapa experimental.
d) En la etapa teórica.

22. En la verificación de la hipótesis epidemiológica se ha de tener en cuenta:

a) La reproducción del estudio.
b) La exactitud.
c) La validez de la información.
d) Todas las respuestas son correctas.

23. Señala la respuesta incorrecta respecto a los estudios descriptivos de morbilidad o mortalidad:

a) Partiendo de la información existente analizan la frecuencia de procesos y su patrón de distribución.
b) Son estudios rápidos y de bajo coste.
c) Sus fluctuaciones en el tiempo se denominan tendencias temporales.
d) Son estudios muy complejos.

24. ¿Qué tipo de riesgo estima la magnitud de una asociación e indica la probabilidad de que una enfermedad se desarrolle en el grupo expuesto con relación al grupo no expuesto?

a) El riesgo relativo.
b) El riesgo atribuible.
c) El riesgo diferencial.
d) Ninguna repuesta es correcta.

25. La expresión básica del riesgo de la que nos valemos para generalmente comparar la enfermedad, en 2 o más cohortes que tienen exposiciones diferentes a algún factor de riesgo, es:

a) El cohorte.
b) La posibilidad incidental.
c) La incidencia.
d) La probabilidad.

26. La diferencia en aparición de enfermedad entre dos grupos de personas que difieren con respecto a una característica causal, se denomina:

a) Exposición.
b) Efecto.
c) Incidencia.
d) Riesgo.

27. El período desde la aparición del proceso hasta su cese se denomina:

a) Tiempo epidemiológico.
b) Tiempo calendario.
c) Tiempo "cero".
d) Tiempo de progresión.

28. ¿Qué tipo de estudios no permite establecer relaciones individuales ya que no estudia al individuo, sino que estudia a un grupo de individuos o poblaciones, como por ejemplo, naciones, localidades, colegios, etc.?

a) Las series de casos clínicos.
b) Los estudios descriptivos de morbilidad o mortalidad.
c) Los estudios de prevalencia.
d) Los estudios ecológicos.

29. ¿Cómo se denomina el tipo de cohorte cuyos miembros son reclutados en el mismo periodo de tiempo y a la cual no ingresan personas durante el periodo de seguimiento?

a) Cohorte cerrada.
b) Cohorte abierta.
c) Cohorte privada.
d) Cohorte selectiva.

30. Una de las limitaciones de los estudios de cohortes es:

a) La dificultad de reproducción.
b) La dificultad de ejecución.
c) Su elevado coste.
d) Todas las respuestas son correctas.

31. Los estudios de casos-control se caracterizan por:

a) Larga duración.
b) Imposibilidad de repetición.
c) Facilidad en su diseño y ejecución.
d) Precisa de muchos sujetos.

32. La capacidad del estudio de generalizar los resultados observados en la población en estudio hacia la población diana, define su:

a) Validez interna.
b) Validez externa.
c) Validez general.
d) Validez global.

33. ¿Qué error ocurre cuando las mediciones repetidas, ya sean en un mismo sujeto o en diferentes miembros de la población en estudio, varían de manera predecible y, por lo tanto, se tiende a sobre o subestimar el valor verdadero en medidas repetidas?

a) Error sistemático.
b) Error aleatorio.
c) Error de selección.
d) Son correctas las respuestas a) y b).

34. Señala la respuesta incorrecta respecto a los sesgos de selección:

a) Son errores sistemáticos que se introducen durante la selección o el seguimiento de la población en estudio y que propician una conclusión equivocada.
b) Pueden ser originados por el mismo investigador o por la complejidad en la población en estudio.
c) Se dan con mayor frecuencia en estudios de cohorte prospectivos.
d) En los estudios retrospectivos los sesgos de selección pueden ocurrir cuando los participantes potenciales o los investigadores conocen la condición de exposición y/o de enfermedad, y este conocimiento influye diferencialmente la participación en el estudio.

35. Cuando los datos de exposición son dependientes de la memoria del sujeto, hablamos de sesgo:

a) De memoria.
b) Mental.
c) Anamnésico.
d) Protopático.

36. El procedimiento epidemiológico no experimental, transversal, en el que una comunidad o una muestra representativa de esta es estudiada en un momento dado, se denomina:

a) Epidemiología analítica.
b) Epidemiología inferencial.
c) Epidemiología inductiva.
d) Epidemiología descriptiva.

37. Cuando observamos una asociación no causal entre la exposición y el evento en estudio o cuando no observamos una asociación real entre la exposición y el evento en estudio por la acción de una tercera variable que no es controlada, hablamos de sesgo:

a) De confusión.
b) De información.

c) De selección.
d) De exposición.

38. Una hipótesis epidemiológica ha de analizar uno de los siguientes elementos con alto grado de especificidad:

a) La causa o el factor de riesgo.
b) El efecto esperado y el desarrollado.
c) La relación dosis-respuesta y relación tiempo-respuesta.
d) Todas las respuestas son correctas.

39. ¿Cuál es el primer paso que debemos dar en un procedimiento epidemiológico descriptivo?

a) Seleccionar cómo se va a medir la frecuencia de la enfermedad.
b) Evitar una serie de factores que modifican los resultados como son los sesgos.
c) Definir los componentes del estudio (cuántos y cuáles).
d) Escoger los datos estándar que tipifican cualquier fenómeno epidemiológico.

40. La carencia de error sistemático es lo que se conoce como:

a) Validez.
b) Precisión.
c) Precisión.
d) Eficacia.

Solución al test n.º 12

1. c) W.H. Frost.

2. b) En la etapa analítica.

3. d) Todas las respuestas son correctas.

4. a) En la etapa descriptiva.

5. d) Protopático.

6. c) La edad.

7. c) Tiempo "cero".

8. d) Las respuestas a) y b) son correctas.

9. a) Cerrada.

10. d) Todas las respuestas son correctas.

11. d) Mejor estimación del riesgo que en los estudios de cohortes.

12. a) La validez interna.

13. b) El error aleatorio.

14. c) Precisión.

15. d) Todas las respuestas son correctas.

16. a) Los sesgos de selección.

17. d) Las respuestas a) y b) son correctas.

18. b) Información.

19. d) El sesgo o paradoja de Berkson.

20. d) Todas las respuestas son correctas.

21. a) En la etapa descriptiva.

22. d) Todas las respuestas son correctas.

23. d) Son estudios muy complejos.

24. a) El riesgo relativo.

25. c) La incidencia.

26. b) Efecto.

27. a) Tiempo epidemiológico.

28. d) Los estudios ecológicos.

29. a) Cohorte cerrada.

30. d) Todas las respuestas son correctas.

31. c) Facilidad en su diseño y ejecución.

32. b) Validez externa.

33. a) Error sistemático.

34. c) Se dan con mayor frecuencia en estudios de cohorte prospectivos.

35. c) Anamnésico.

36. d) Epidemiología descriptiva.

37. a) De confusión.

38. d) Todas las respuestas son correctas.

39. c) Definir los componentes del estudio (cuántos y cuáles).

40. a) Validez.

TEST N.º 13

Estudios experimentales. Ensayos clínicos. Ética de la investigación clínica. Validez de métodos diagnósticos: sensibilidad, especificidad, valor predictivo positivo

1. La definición del ensayo clínico que recoge el BOE 22-XII-1990 es de:

a) Pocock, matizada por Lind.
b) Poford, matizada por Amberson.
c) Sir Agustin Hill.
d) Sir Austin Bradford Hill, matizada por Pocock.

2. La citada definición del ensayo clínico es la siguiente:

a) Un estudio sistémico, experimental y prospectivo que se realiza en pacientes, en el que se puede evaluar métodos de diagnóstico, tratamiento o manejo de las enfermedades en seres humanos. Estudia tanto la eficiencia como la seguridad de procedimientos terapéuticos, diagnósticos u otros.

b) Un estudio objetivo, experimental y prospectivo que se realiza en sujetos sanos, en el que se puede evaluar métodos de prevención y diagnóstico de las enfermedades en seres humanos. Estudia tanto la eficacia como la seguridad de procedimientos terapéuticos, diagnósticos u otros.

c) Un estudio sistémico, objetivo y prospectivo que se realiza en pacientes, en el que se puede evaluar métodos diagnóstico, tratamiento o manejo de las enfermedades en seres humanos. Estudia los efectos producidos por fármacos en el organismo humano (farmacodinamia), su absorción, distribución, metabolismo y excreción (farmacocinética).

d) Un estudio sistemático, experimental y prospectivo que se realiza tanto en pacientes como en sujetos sanos, en el que se puede evaluar métodos de prevención, diagnóstico, tratamiento o manejo de las enfermedades en seres humanos. Estudia tanto la eficacia como la seguridad de procedimientos terapéuticos, diagnósticos u otros.

3. ¿Cuál es el Reglamento que regula los ensayos clínicos con medicamentos, los Comités de Ética de la Investigación con medicamentos y el Registro Español de Estudios Clínicos?

a) El Real Decreto 114/2003, de 1 de marzo.
b) El Real Decreto 223/2004, de 1 de mayo.
c) El Real Decreto 1090/2015, de 4 de diciembre.
d) El Real Decreto 761/2018, de 9 de noviembre.

4. ¿Qué Reglamento del Parlamento Europeo y del Consejo deroga la Directiva 2001/20/CE y regula los ensayos clínicos de medicamentos de uso humano?

a) El Reglamento (UE) nº 536/2014, de 16 de abril de 2014.
b) El Reglamento (UE) nº 712/2014, de 9 de noviembre de 2014.
c) El Reglamento (UE) nº 769/2016, de 1 de octubre de 2016.
d) El Reglamento (UE) nº 933/2017, de 23 de febrero de 2017.

5. Los principios básicos para la realización de ensayos clínicos con seres humanos se fundamentan en la protección de los derechos humanos y la dignidad del ser humano respecto a la aplicación de la biología y la medicina y quedan reflejados en:

a) La Declaración de Estocolmo.
b) El Convenio de Oviedo, del 4 de abril de 1997.
c) La Declaración de Ginebra.
d) El Convenio de Vigo, del 7 de abril de 1999.

6. ¿En qué tipo de diseño del ensayo los mismos sujetos de investigación reciben aleatoriamente dos o más fármacos (o bien placebo) en diferentes períodos, de forma que cada uno de ellos sirve como su propio control?

a) Diseño paralelo.
b) Diseño factorial.
c) Diseño cruzado.
d) Diseño secuencial.

7. ¿Qué ventajas tiene el Ensayo Clínico?

a) El Ensayo Clínico es prospectivo.
b) El Ensayo Clínico es capaz de comprobar hipótesis causales.
c) El Ensayo Clínico es reproducible y comparable con otras experiencias.
d) Todas las respuestas son correctas.

8. Entre los inconvenientes del Ensayo Clínico, podemos citar:

a) Las limitaciones en la manipulación de la exposición.
b) La complejidad ética y técnica.

c) Las dificultades en la generalización debido a la selección y/o a la propia rigidez de la intervención.
d) Todas las respuestas son correctas.

9. El diseño experimental más frecuente en la investigación clínica es:

a) El diseño cruzado.
b) El diseño secuencial.
c) El diseño paralelo.
d) El diseño factorial.

10. Los ensayos que pretenden comprobar la eficacia de un tratamiento en las condiciones habituales de la práctica clínica y se compara un grupo tratado con otro sin tratar se denominan:

a) Estudios de búsqueda de dosis.
b) Multicéntricos.
c) Explicativos.
d) Pragmáticos.

11. Los estudios donde se tratan sujetos que aún no han adquirido la enfermedad o están en riesgo de adquirirla y donde se estudian factores preventivos de enfermedades, como pueden ser la administración de vacunas o el seguimiento de dietas se denominan:

a) Ensayo de Campo.
b) Estudios Cuasiexperimentales.
c) Estudio dosis-escalonada.
d) Estudios Explicativos.

12. Al realizar un estudio y realizar mediciones, el error al identificar a la población a estudiar se denomina:

a) Sesgo de muestra.
b) Sesgo de detección.
c) Sesgo de selección.
d) Sesgo de información u observación.

13. El procedimiento sistemático y reproducible por el que los sujetos participantes en un ensayo clínico son distribuidos al azar en los distintos grupos de tratamiento, evitando el sesgo de selección se denomina:

a) Aleatorización.
b) Estratificación.
c) Preinclusión.
d) Estabilización.

14. Para calcular *a priori* el número de sujetos que se necesitan para demostrar con una probabilidad determinada que existen o no diferencias estadísticamente significativas entre los grupos de tratamiento se deben considerar los siguientes factores:

a) La probabilidad de un resultado positivo o error alfa (arbitrariamente inferior al 15 %), la probabilidad de un resultado negativo o error beta (generalmente inferior al 25 %) y las posibles pérdidas después de la aleatorización a lo largo del estudio.

b) La probabilidad de un resultado positivo o error alfa (arbitrariamente inferior al 10 %), la probabilidad de un resultado negativo o error beta (generalmente inferior al 30 %), la diferencia clínicamente significativa que se espera encontrar y las posibles pérdidas después de la aleatorización a lo largo del estudio.

c) La probabilidad de un resultado positivo o error alfa (arbitrariamente inferior al 5 %), la probabilidad de un resultado negativo o error beta (generalmente inferior al 15 %) y las posibles pérdidas después de la aleatorización a lo largo del estudio.

d) La probabilidad de un resultado positivo o error alfa (arbitrariamente inferior al 5 %), la probabilidad de un resultado negativo o error beta (generalmente inferior al 20 %), la diferencia clínicamente significativa que se espera encontrar y las posibles pérdidas después de la aleatorización a lo largo del estudio.

15. La medida epidemiológica que se utiliza principalmente en el ensayo clínico y en el estudio de cohortes se denomina:

a) Riesgo absoluto (RA).
b) Odds-ratio (OR).
c) Riesgo relativo (RR).
d) Reducción del riesgo absoluto (RRA).

16. El cociente entre la probabilidad de que ocurra un evento y la probabilidad de que no ocurra (lo que equivale a dividir el número de veces que ha ocurrido el evento por las que no ha ocurrido) se denomina:

a) Riesgo absoluto (RA).
b) Odds-ratio (OR).
c) Riesgo relativo (RR).
d) Reducción del riesgo absoluto (RRA).

17. La reducción del riesgo absoluto (RRA) es:

a) El cociente entre el riesgo del grupo intervenido y el riesgo del grupo control.
b) La diferencia entre el porcentaje de eventos en el grupo control y el porcentaje de eventos en el grupo experimental.
c) El número de pacientes que deberían recibir el tratamiento experimental, en lugar del control, para que un paciente adicional obtenga el beneficio.
d) Ninguna de las respuestas anteriores es correcta.

18. Las expresiones que valoran la magnitud de una intervención para producir un efecto indeseable son:

a) El IRR, el IRA y el NND.
b) El RRR, el RRA y el NNT.
c) El IRB el IRA y el NMD.
d) El RRI, el RRA y el MNT.

19. Las normas de Buena Práctica Clínica (*Good Clinical Practice*) consideran los aspectos éticos, sobre la base de cuatro principios:

a) Protección al individuo y al equipo médico; redacción de unos procedimientos operativos específicos que describan la metodología de todo cuanto acontezca a lo largo del ensayo clínico; archivo completo de los datos derivados del ensayo clínico y comunicación adecuada de las reacciones adversas.

b) Protección al individuo; redacción de unos procedimientos operativos estándar que describan la metodología de todo cuanto acontezca a lo largo del ensayo clínico; archivo completo de los datos derivados del ensayo clínico y comunicación adecuada de las reacciones adversas.

c) Protección al individuo y al equipo médico; archivo completo de los datos derivados del ensayo clínico y comunicación adecuada de las fases del ensayo clínico al individuo.

d) Protección al individuo; redacción de unos procedimientos operativos estándar que describan las fases del ensayo clínico; archivo completo de los datos derivados del ensayo clínico y comunicación adecuada de las reacciones adversas.

20. La Declaración de Helsinki, relativa a la protección al individuo (voluntario sano o enfermo) que participa en un ensayo clínico fue:

a) Adoptada en 1963, y revisada en Venecia en 1975 y en Roma en 1983.
b) Adoptada en 1965, y revisada en Singapur en 1975 y en Venecia en 1983.
c) Adoptada en 1964, y revisada en Tokio en 1975 y en Venecia en 1983.
d) Adoptada en 1961, y revisada en Roma en 1975 y en Paris en 1983.

21. Las normas de Buena Práctica Clínica están orientadas a:

a) Reforzar el control de calidad de los ensayos clínicos y asegurar un alto estándar en los aspectos médicos y éticos, lo que es beneficioso para el enfermo, el médico, y, en última estancia, para las Autoridades Sanitarias.

b) Reforzar el control de la metodología de los ensayos clínicos y asegurar un alto estándar en los aspectos médicos, lo que es beneficioso para el enfermo, el médico, el promotor y, en última estancia, para las Autoridades Sanitarias.

c) Reforzar el control de calidad de los ensayos clínicos y asegurar un alto estándar en los aspectos médicos y éticos, lo que es beneficioso para el enfermo, el médico, el promotor y, en última estancia, para las Autoridades Sanitarias.

d) Reforzar el control de las distintas fases de los ensayos clínicos y asegurar un alto estándar en los aspectos médicos, lo que es beneficioso para el enfermo y para las Autoridades Sanitarias.

22. Los aspectos éticos de los ensayos clínicos son fundamentales por estar investigando en seres humanos y se deben respetar los principios básicos enunciados en el informe Belmont en el año:

a) 1964.
b) 1968.
c) 1972.
d) 1978.

23. Entre los principios básicos enunciados en el informe Belmont, debemos destacar:

a) El principio de no maleficencia y de autonomía.
b) El principio de calidad y de autonomía.
c) El principio de no maleficencia y de eficacia.
d) El principio de calidad y de eficiencia.

24. La validez de los métodos diagnósticos se define como:

a) La proporción de individuos sanos confirmados como tales por el resultado negativo del test.
b) El grado de concordancia con el que un resultado positivo o negativo coincide con la presencia o ausencia de la enfermedad.
c) La proporción del total de los enfermos que el test es capaz de detectar (resultados positivos). Se expresa como la probabilidad condicional de que la prueba diagnóstica nos proporcione un resultado positivo entre los participantes realmente enfermos.
d) La proporción de resultados válidos entre los resultados positivos del test.

25. La especificidad en los métodos diagnósticos se define como:

a) La proporción de individuos sanos confirmados como tales por el resultado negativo del test.
b) El grado de concordancia con el que un resultado positivo o negativo coincide con la presencia o ausencia de la enfermedad.
c) La proporción del total de los enfermos que el test es capaz de detectar (resultados positivos). Se expresa como la probabilidad condicional de que la prueba diagnóstica nos proporcione un resultado positivo entre los participantes realmente enfermos.
d) La proporción de resultados válidos entre los resultados positivos del test.

26. El valor global del test es:

a) La proporción de resultados válidos entre el conjunto de resultados negativos.
b) La proporción de resultados válidos entre la totalidad de pruebas efectuadas. El método ideal sería el que contara con una sensibilidad, una especificidad y unos valores predictivos próximos al 100 %.

c) La proporción de resultados válidos entre los resultados positivos del test. De entre todos los resultados que dan enfermedad, los que realmente lo son.

d) La proporción de resultados válidos entre la totalidad de pruebas efectuadas. El método ideal sería el que contara con una sensibilidad, una especificidad y unos valores predictivos próximos al 95 %.

27. A menor prevalencia de la enfermedad:

a) Menor será el VPP y mayor el VPN.
b) Mayor será el VPP y menor el VPN.
c) Igual será el VPP y VPN.
d) Ninguna de las respuestas anteriores es correcta.

28. La razón de verosimilitud (*likelihood ratio*) es:

a) La proporción de resultados válidos entre el conjunto de resultados negativos.
b) La proporción de resultados válidos entre la totalidad de pruebas efectuadas.
c) La proporción de resultados válidos entre los resultados positivos del test. La probabilidad de que el test sea positivo en enfermos, respecto a la probabilidad de que sea positivo en sanos.
d) La probabilidad de que el test sea negativo en enfermos, respecto a la probabilidad de que sea negativo en sanos.

29. Las razones de verosimilitud de los exámenes que pueden dar múltiples resultados continuos se evalúan representándolas:

a) En la curva ROC (*receiver operating characteristic curve*).
b) En el Índice de Youden (J).
c) En una línea que intercepte la RV.
d) Las respuestas a) y c) son correctas.

30. El Índice de Youden (J) se corresponde con:

a) La suma de dos cualidades de un test, la validez y la especificidad.
b) La suma de dos cualidades de un test, la sensibilidad y la especificidad.
c) La suma de dos cualidades de un test, la validez y la sensibilidad.
d) La suma de dos cualidades de un test, el valor predictivo positivo y la especificidad.

31. Se utilizará el test más específico posible cuando:

a) La enfermedad sea grave y no pueda pasar inadvertida.
b) La enfermedad sea tratable.
c) Las enfermedades generen importantes problemas de salud pública y sean curables.
d) La enfermedad sea importante, pero difícil de curar o incurable.

32. Usaremos un test con un alto valor predictivo del resultado positivo:

a) Si el tratamiento de los falsos positivos pudiera tener graves consecuencias.
b) Si los resultados falsamente positivos pueden suponer un trauma psicológico y económico para el individuo examinado.
c) En esclerosis en placas, cánceres ocultos.
d) Las respuestas a) y c) son correctas.

33. Desearemos un test con un elevado valor global:

a) Si los resultados falsamente positivos pueden suponer un trauma psicológico y económico para el individuo examinado.
b) Si la enfermedad es importante, pero curable.
c) Cuando tanto los falsos positivos como los falsos negativos supongan un traumatismo y conlleven consecuencias graves.
d) Las respuestas b) y c) son correctas.

34. Usaremos un test con un alto valor predictivo del resultado positivo en:

a) IAM, LES, leucemias o linfomas, diabetes mellitus.
b) Feocromocitoma, fenilcetonuria, enfermedades venéreas y otras enfermedades infecciosas curables.
c) Radioterapia o lobectomía innecesarias en pacientes en los que se sospecha erróneamente un cáncer de pulmón.
d) Esclerosis en placas, cánceres ocultos.

35. Elegiremos un test sensible cuando:

a) La enfermedad sea tratable.
b) La enfermedad sea importante, pero difícil de curar o incurable.
c) La enfermedad es importante, pero curable.
d) La enfermedad sea grave pero pueda pasar inadvertida.

36. La unidad que mide el "esfuerzo" terapéutico que debe realizarse para prevenir un suceso indeseable adicional o para conseguir un efecto se denomina:

a) RAR.
b) NNT.
c) ROC.
d) RV.

37. La palabra "adicional" de la pregunta anterior:

a) Hace referencia a la probabilidad absoluta de que se produzca un evento, un NNT de X significaría que tengo que tratar a X para conseguir el efecto en 1 de ellos.

b) No hace referencia a la probabilidad absoluta de que se produzca un evento, un NNT de X no significaría que tengo que tratar a X para conseguir el efecto en la mitad más 1 de ellos, sería más bien que tengo que tratar a X para conseguir un efecto más que el conseguido con placebo o control.

c) No hace referencia a la probabilidad absoluta de que se produzca un evento, un NNT de X no significaría que tengo que tratar a X para conseguir el efecto en 1 de ellos, sería más bien que tengo que tratar a X para conseguir un efecto más que el conseguido con placebo o control. En definitiva, el número de pacientes que se necesitarían tratar con el tratamiento experimental para conseguir un evento positivo adicional a los que se conseguirían con el tratamiento control.

d) Ninguna de las respuestas anteriores es correcta.

38. Para el diagnóstico definitivo, se necesita:

a) Una prueba muy específica, que no sea positiva en los sanos.
b) Una prueba muy sensible, aunque sea positiva en los sanos.
c) Una prueba muy sensible, sea o no positiva en los sanos.
d) Ninguna de las respuestas anteriores es correcta.

39. Una prueba muy específica es:

a) Aquella que no sea positiva en los sanos; y que se realice tras pruebas muy sensibles, ya que estas pueden dar resultados falsos negativos.

b) Aquella que no sea positiva en los sanos; en otras palabras, la especificidad es útil para confirmar un diagnóstico, sugerido por pruebas muy sensibles, ya que estas pueden dar resultados falsos positivos.

c) Aquella que no sea negativa en los enfermos; en otras palabras, la especificidad es útil para confirmar un diagnóstico, sugerido por pruebas muy sensibles, ya que estas pueden dar resultados falsos positivos.

d) Ninguna de las respuestas anteriores es correcta.

40. En los programas de *screening*, en los cuales se intenta detectar enfermos entre personas aparentemente sanas:

a) Son útiles las pruebas muy sensibles.
b) Es útil una prueba muy específica.
c) No son útiles las pruebas muy sensibles.
d) Son útiles las pruebas muy sensibles y muy específicas, indistintamente.

Solución al test n.º 13

1. d) Sir Austin Bradford Hill, matizada por Pocock.

2. d) Un estudio sistemático, experimental y prospectivo que se realiza tanto en pacientes como en sujetos sanos, en el que se puede evaluar métodos de prevención, diagnóstico, tratamiento o manejo de las enfermedades en seres humanos. Estudia tanto la eficacia como la seguridad de procedimientos terapéuticos, diagnósticos u otros.

3. c) El Real Decreto 1090/2015, de 4 de diciembre.

4. a) El Reglamento (UE) n.º 536/2014, de 16 de abril de 2014.

5. b) El Convenio de Oviedo, del 4 de abril de 1997.

6. c) Diseño cruzado.

7. d) Todas las respuestas son correctas.

8. c) Las dificultades en la generalización debido a la selección y/o a la propia rigidez de la intervención.

9. c) El diseño paralelo.

10. d) Pragmáticos.

11. a) Ensayo de Campo.

12. c) Sesgo de selección.

13. a) Aleatorización.

14. d) La probabilidad de un resultado positivo o error alfa (arbitrariamente inferior al 5 %), la probabilidad de un resultado negativo o error beta (generalmente inferior al 20 %), la diferencia clínicamente significativa que se espera encontrar y las posibles pérdidas después de la aleatorización a lo largo del estudio.

15. c) Riesgo relativo (RR).

16. b) Odds-ratio (OR).

17. b) La diferencia entre el porcentaje de eventos en el grupo control y el porcentaje de eventos en el grupo experimental.

18. a) El IRR, el IRA y el NND.

19. b) Protección al individuo; redacción de unos procedimientos operativos estándar que describan la metodología de todo cuanto acontezca a lo largo del ensayo clínico; archivo completo de los datos derivados del ensayo clínico y comunicación adecuada de las reacciones adversas.

20. c) Adoptada en 1964, y revisada en Tokio en 1975 y en Venecia en 1983.

21. c) Reforzar el control de calidad de los ensayos clínicos y asegurar un alto estándar en los aspectos médicos y éticos, lo que es beneficioso para el enfermo, el médico, el promotor y, en última estancia, para las Autoridades Sanitarias.

22. d) 1978.

23. a) El principio de no maleficencia y de autonomía.

24. b) El grado de concordancia con el que un resultado positivo o negativo coincide con la presencia o ausencia de la enfermedad.

25. a) La proporción de individuos sanos confirmados como tales por el resultado negativo del test.

26. b) La proporción de resultados válidos entre la totalidad de pruebas efectuadas. El método ideal sería el que contara con una sensibilidad, una especificidad y unos valores predictivos próximos al 100 %.

27. a) Menor será el VPP y mayor el VPN.

28. c) La proporción de resultados válidos entre los resultados positivos del test. La probabilidad de que el test sea positivo en enfermos, respecto a la probabilidad de que sea positivo en sanos.

29. a) En la curva ROC (*receiver operating characteristic curve*).

30. b) La suma de dos cualidades de un test, la sensibilidad y la especificidad.

31. d) La enfermedad sea importante, pero difícil de curar o incurable.

32. a) Si el tratamiento de los falsos positivos pudiera tener graves consecuencias.

33. d) Las respuestas b) y c) son correctas.

34. c) Radioterapia o lobectomía innecesarias en pacientes en los que se sospecha erróneamente un cáncer de pulmón.

35. a) La enfermedad sea tratable.

36. b) NNT.

37. c) No hace referencia a la probabilidad absoluta de que se produzca un evento, un NNT de X no significaría que tengo que tratar a X para conseguir el efecto en 1 de ellos, sería más bien que tengo que tratar a X para conseguir un efecto más que el conseguido con placebo o control. En definitiva, el número de pacientes que se necesitarían tratar con el tratamiento experimental para conseguir un evento positivo adicional a los que se conseguirían con el tratamiento control.

38. a) Una prueba muy específica, que no sea positiva en los sanos.

39. b) Aquella que no sea positiva en los sanos; en otras palabras, la especificidad es útil para confirmar un diagnóstico, sugerido por pruebas muy sensibles, ya que estas pueden dar resultados falsos positivos.

40. a) Son útiles las pruebas muy sensibles.

TEST N.º 14

Evaluación de Tecnologías Sanitarias: Procedimientos de evaluación. Cartera de Servicios del Sistema Nacional de Salud. Procedimiento de actualización de la Cartera de Servicios del sistema de Salud de Aragón

1. Al procedimiento que analiza de manera sistemática las consecuencias sanitarias, sociales, económicas, éticas y legales derivadas del uso de la tecnología que se producen a corto y largo plazo, tanto sobre los efectos deseados como indeseados, se le denomina:

a) Tecnologías sanitarias.
b) Cartera de Servicios.
c) Evaluación de tecnologías sanitarias.
d) Actualización de las tecnologías sanitarias.

2. La Ley General de Sanidad estableció, de forma expresa, que la Administración sanitaria del Estado debía valorar:

a) La seguridad, eficacia y eficiencia de las tecnologías relevantes para la salud y la asistencia sanitaria.
b) La eficacia, eficiencia y calidad de las tecnologías relevantes para la salud y la asistencia sanitaria.
c) La seguridad, calidad y eficiencia de las tecnologías relevantes para la salud y la asistencia sanitaria,
d) La eficiencia, seguridad y calidad de las tecnologías relevantes para la salud y la asistencia sanitaria.

3. La Ley de Cohesión y Calidad del Sistema Nacional de Salud fue aprobada por:

a) La Ley 16/2003, de 28 de mayo.
b) La Ley 63/1995, de 20 de enero.
c) La Ley 13/2006, de 15 de septiembre.
d) La Ley 16/2006, de 23 de mayo.

4. La norma por la que se establece la cartera de servicios comunes del Sistema Nacional de Salud y el procedimiento para su actualización es:

a) El Real Decreto 63/1993, de 20 de enero.
b) El Real Decreto 1030/2003, de 15 de septiembre.
c) El Real Decreto 63/1995, de 20 de enero.
d) El Real Decreto 1030/2006, de 15 de septiembre.

5. La ordenación de las prestaciones y el catálogo de prestaciones quedaron definidas en:

a) La Ley General de Sanidad.
b) La Ley de cohesión y calidad del Sistema Nacional de Salud.
c) La Ley de garantías y uso racional de medicamentos y productos sanitarios.
d) El Real Decreto por el que se establece la cartera de servicios comunes del Sistema Nacional de Salud y el procedimiento para su actualización.

6. La Ley de la Ciencia, la Tecnología y la Innovación es:

a) La Ley 14/2011, de 1 de junio.
b) La Ley 14/2007, de 3 de julio.
c) La Ley 14/2010, de 10 de junio.
d) La Ley 14/2009, de 30 de julio.

7. Las actividades de financiación de la investigación científica y técnica corresponden:

a) A la Agencia Estatal Consejo Superior de Investigaciones Científicas (CSIC).
b) Al Instituto de Salud Carlos III (ISCIII).
c) Al Centro de Investigaciones Energéticas, Medioambientales y Tecnológicas (CIEMAT).
d) Al Instituto Nacional de Investigación y Tecnología Agraria y Alimentaria (INIA)

8. El fomento de la investigación científica y técnica en todas las áreas del saber corresponde:

a) A la Agencia Estatal Consejo Superior de Investigaciones Científicas.
b) Al Instituto de Salud Carlos III.
c) A la Agencia Estatal de Investigación.
d) Al Instituto Nacional de Investigación y Tecnología Agraria y Alimentaria.

9. El Estatuto del Instituto de Salud «Carlos III» fue aprobado por:

a) Real Decreto 375/2001, de 6 abril.
b) Real Decreto 1589/2012, de 23 de noviembre.
c) Real Decreto 1067/2015, de 27 de noviembre.
d) Real Decreto 159/2013, de 13 de noviembre.

10. ¿Cuántos programas estatales corresponden a los objetivos generales estable-cidos en la Estrategia Española de Ciencia y Tecnología y de Innovación 2013-2020?

a) Cinco.
b) Cuatro.
c) Tres.
d) Dos.

11. Para asegurar el trabajo en red de todas las agencias y unidades de evalua-ción de tecnologías sanitarias de las Comunidades Autónomas, ¿quién desarrolló la plataforma electrónica de conocimiento compartido "AunETS" (Agencias y Unida-des de Evaluación de Tecnologías Sanitarias)?

a) El Instituto de Salud Carlos III, a través de la Agencia de Evaluación de Tecnologías Sanitarias.
b) La Agencia Estatal Consejo Superior de Investigaciones Científicas (CSIC), a través del Instituto de Salud Carlos III (ISCIII).
c) La Agencia Estatal de Investigación.
d) El Consejo Interterritorial del SNS, a través de la Agencia de Evaluación de Tecnolo-gías Sanitarias.

12. La misión de la Plataforma "AunETS" es promover la coordinación entre las distintas agencias y unidades de evaluación de Tecnologías Sanitarias y sus princi-pios inspiradores son:

a) La independencia, el rigor, la efectividad, la seguridad, la calidad y la equidad.
b) La eficiencia, la efectividad, la seguridad y la calidad.
c) La eficiencia, la efectividad, la seguridad, la calidad y la equidad.
d) La independencia, la solidez, la efectividad, la seguridad, la calidad y la equidad.

13. En 2012 se acuerda la creación de la Red Española de Agencias de Evaluación de Tecnologías y Prestaciones del SNS por:

a) El Instituto de Salud Carlos III.
b) El Pleno del Consejo Interterritorial del SNS.
c) La Agencia Estatal Consejo Superior de Investigaciones Científicas.
d) La Agencia Estatal de Investigación.

14. ¿A quién corresponde la misión principal de realizar investigación traslacional de la máxima calidad, traduciendo los resultados de la investigación básica, clínica, epidemiológica, de servicios sanitarios y de salud pública al Sistema Nacional de Salud (SNS), al Sistema Español de Ciencia y Tecnología, al paciente y a la sociedad en general?

a) A la Agencia Estatal Consejo Superior de Investigaciones Científicas.
b) A la Subdirección General de Evaluación y Fomento de la Investigación del Instituto de Salud Carlos III.

c) Al Consejo Interterritorial del SNS.

d) A los Institutos de Investigación Sanitaria.

15. ¿Cómo se denomina la Red Internacional de Agencias de Evaluación de Tecnologías Sanitarias?

a) Avalia-t.

b) AETSA.

c) INAHTA.

d) SESCS.

16. La organización internacional sin fines de lucro cuyo objetivo es realizar, mantener y difundir revisiones sistemáticas y meta-análisis de la literatura médica para facilitar la toma de decisiones clínicas y sanitarias se denomina:

a) Colaboración Cochrane.

b) OCDE.

c) IACS.

d) HTAI.

17. ¿Qué norma establece que el contenido de la cartera común de servicios del Sistema Nacional de Salud se determinará por acuerdo del Consejo Interterritorial del Sistema Nacional de Salud, a propuesta de la Comisión de prestaciones, aseguramiento y financiación?

a) La Ley 16/2003, de 28 de mayo.

b) La Ley 29/2008, de 24 de julio.

c) La Ley 14/2007, de 3 de julio.

d) La Ley 29/2006, de 26 de julio.

18. El uso tutelado tiene como finalidad:

a) Establecer el grado de eficacia, efectividad o eficiencia de la técnica antes de decidir sobre la conveniencia o necesidad de su inclusión efectiva en la cartera de servicios del Sistema Nacional de Salud.

b) Establecer el grado de seguridad, eficacia, efectividad o eficiencia de los procedimientos antes de decidir sobre la conveniencia o necesidad de su inclusión efectiva en la cartera de servicios del Sistema Nacional de Salud.

c) Establecer el grado de seguridad, efectividad o eficiencia de la técnica y la tecnología antes de decidir sobre la conveniencia o necesidad de su inclusión efectiva en la cartera de servicios del Sistema Nacional de Salud.

d) Establecer el grado de seguridad, eficacia, efectividad o eficiencia de la técnica, tecnología o procedimiento antes de decidir sobre la conveniencia o necesidad de su inclusión efectiva en la cartera de servicios del Sistema Nacional de Salud.

19. ¿Qué artículo de la Constitución Española establece que a los poderes públicos compete organizar y tutelar la salud pública a través de medidas preventivas y de las prestaciones y servicios necesarios?

a) El art. 41 de la CE.
b) El art. 42 de la CE.
c) El art. 43 de la CE.
d) El art. 44 de la CE.

20. ¿Qué norma establece que el catálogo de prestaciones del Sistema Nacional de Salud tiene por objeto garantizar las condiciones básicas y comunes para una atención integral, continuada y en el nivel adecuado de atención?

a) La Ley General de Sanidad.
b) La Ley de Cohesión y Calidad del Sistema Nacional de Salud.
c) El Real Decreto sobre ordenación de prestaciones sanitarias del Sistema Nacional de Salud.
d) La Ley de garantías y uso racional de medicamentos y productos sanitarios.

21. La Ley de garantías y uso racional de medicamentos y productos sanitarios ha sido sustituida por:

a) El Real Decreto Legislativo 14/2013, de 7 de julio.
b) El Real Decreto Legislativo 144/2015, de 12 de diciembre.
c) El Real Decreto Legislativo 1/2015, de 24 de julio.
d) El Real Decreto Legislativo 12/2016, de 9 de mayo.

22. La cartera de servicios comunes del Sistema Nacional de Salud se actualizará:

a) Mediante Decreto del Ministerio de Sanidad, previo acuerdo del Consejo Interterritorial del Sistema Nacional de Salud.
b) Mediante Orden del Ministerio de Sanidad, previo acuerdo del Instituto de Salud Carlos III.
c) Mediante Decreto del Ministerio de Sanidad, previo acuerdo del Consejo de Política Fiscal y Financiera.
d) Mediante Orden del Ministerio de Sanidad, previo acuerdo del Consejo Interterritorial del Sistema Nacional de Salud.

23. Para incorporar nuevas técnicas, tecnologías o procedimientos a la cartera de servicios comunes o excluir los ya existentes, será necesaria su evaluación por:

a) El Ministerio de Sanidad, previo acuerdo del Consejo Interterritorial del Sistema Nacional de Salud.
b) El Ministerio de Sanidad, previo acuerdo con el Ministerio de Hacienda.

c) El Ministerio de Sanidad a través de la agencia de evaluación de tecnologías sanitarias del Instituto de Salud Carlos III en colaboración con otros órganos evaluadores propuestos por las Comunidades Autónomas.

d) El Ministerio de Sanidad, a propuesta del Consejo de Política Fiscal y Financiera.

24. La participación de las Comunidades Autónomas y de otras administraciones sanitarias públicas en la definición y actualización de las prestaciones y la cartera de servicios comunes del Sistema Nacional de Salud se articulará a través de:

a) La Comisión de prestaciones, aseguramiento y financiación, dependiente del Consejo Interterritorial del Sistema Nacional de Salud, así como de los comités y grupos de trabajo de ella dependientes.

b) La Agencia Estatal Consejo Superior de Investigaciones Científicas.

c) La Subdirección General de Evaluación y Fomento de la Investigación del Instituto de Salud Carlos III.

d) La Comisión de prestaciones, aseguramiento y financiación, dependiente del Instituto de Salud Carlos III.

25. Cuando existan indicios de que una técnica, tecnología o procedimiento tiene un balance entre beneficio y riesgo significativamente desfavorable se procederá a:

a) Su exclusión cautelar por la Comisión de prestaciones, aseguramiento y financiación, poniéndolo en conocimiento de las Comunidades Autónomas, de forma inmediata.

b) Su exclusión cautelar por el Instituto de Salud Carlos III, poniéndolo en conocimiento de las Comunidades Autónomas de forma inmediata e informando de ello a la Comisión de prestaciones, aseguramiento y financiación, para que adopten las medidas necesarias.

c) Su exclusión cautelar por el Consejo Interterritorial del Sistema Nacional de Salud, poniéndolo en conocimiento de las Comunidades Autónomas, de forma inmediata.

d) Su exclusión cautelar por el Ministerio de Sanidad, poniéndolo en conocimiento de las Comunidades Autónomas de forma inmediata e informando de ello a la Comisión de prestaciones, aseguramiento y financiación, para que adopten las medidas necesarias.

26. Existe un sistema de seguimiento informatizado de solicitudes de actualización de técnicas, tecnologías o procedimientos, en el que se recogerá la situación y las decisiones adoptadas sobre cada una de las solicitudes, incluyendo las peticiones de evaluación. ¿A quién corresponde mantener permanentemente actualizada la información de este sistema?

a) Al Ministerio de Sanidad, que lo pondrá a disposición de las Comunidades Autónomas y de las agencias evaluadoras del Sistema Nacional de Salud.

b) Al Ministerio de Hacienda, previo acuerdo del Consejo de Política Fiscal y Financiera.

c) A una Comisión interministerial, que lo pondrá a disposición de las Comunidades Autónomas y de las agencias evaluadoras del Sistema Nacional de Salud.

d) Ninguna de las respuestas anteriores es correcta.

27. La Comisión de prestaciones, aseguramiento y financiación está presidida por:

a) El Director General de Cohesión del Sistema Nacional de Salud y Alta Inspección.

b) El titular de la Subdirección General del Ministerio de Sanidad responsable de la cartera de servicios.

c) El titular de la Secretaría de Estado de Investigación, Desarrollo e Innovación (SEIDI) del Ministerio de Economía y Competitividad.

d) Ninguna de las respuestas anteriores es correcta.

28. Se integran en la Comisión de prestaciones, aseguramiento y financiación, como vocales:

a) Un representante de cada una de las Comunidades Autónomas, de cada una de las mutualidades de funcionarios (MUFACE, MUGEJU e ISFAS), del Instituto Nacional de Gestión Sanitaria, de la Subdirección General de Análisis Económico y Fondo de Cohesión, del Instituto de Salud Carlos III y de la Agencia de Calidad del Sistema Nacional de Salud.

b) Un representante de cada una de las Comunidades Autónomas, de cada una de las mutualidades de funcionarios (MUFACE, MUGEJU e ISFAS), del Instituto Nacional de Gestión Sanitaria, de la Subdirección General de Análisis Económico y Fondo de Cohesión, del Instituto de Salud Carlos III, de la Dirección General de Salud Pública, de la Dirección General de Farmacia y Productos Sanitarios y de la Agencia de Calidad del Sistema Nacional de Salud.

c) Un representante de cada una de las Comunidades Autónomas, de cada una de las mutualidades de funcionarios (MUFACE, MUGEJU e ISFAS, del Instituto de Salud Carlos III, de la Dirección General de Salud Pública, de la Dirección General de Farmacia y Productos Sanitarios y de la Agencia de Calidad del Sistema Nacional de Salud.

d) Un representante de cada una de las Comunidades Autónomas, de cada una de las mutualidades de funcionarios (MUFACE, MUGEJU e ISFAS), del Instituto Nacional de Gestión Sanitaria y de la Agencia de Calidad del Sistema Nacional de Salud.

29. La 67.ª Asamblea Mundial de la Salud de la Organización Mundial de la Salud (OMS), se celebró:

a) En 2014, en Ginebra.

b) En 2013, en Estocolmo.

c) En 2012, en Oviedo.

d) En 2011, en París.

30. La Agencia de Evaluación de Tecnologías Sanitarias (AETS) fue creada en:

a) 1994.

b) 1997.

c) 2001.

d) 2011.

31. Los Institutos de Investigación Sanitaria son el resultado de la asociación de:

a) Los hospitales docentes e investigadores del Sistema Nacional de Salud entre sí.
b) Universidades y Centros Públicos de Investigación.
c) Instituto Nacional de Investigación y Tecnología Agraria y Alimentaria y Centros Privados de Investigación.
d) Los hospitales docentes e investigadores del Sistema Nacional de Salud, de Universidades y otros Centros Públicos y Privados de Investigación.

32. La figura de la Red Española de Agencias de Tecnologías Sanitarias ha sido recogida en:

a) El Real Decreto-ley 16/2012, de 20 de abril.
b) El Real Decreto 63/1993, de 20 de enero.
c) El Real Decreto-Ley 1030/2013, de 15 de septiembre.
d) El Real Decreto 63/1995, de 20 de enero.

33. ¿Qué es la EunetHTA?

a) La Agencia para la ETS de Andalucía.
b) Las organizaciones nacionales y regionales responsables de la ETS.
c) La Agencia de Calidad y Evaluación Sanitarias de Cataluña.
d) El Servicio de Evaluación de Tecnologías Sanitarias en el País Vasco.

34. La Agencia de Evaluación de Tecnologías Sanitarias queda adscrita:

a) Al Director General de Cohesión del Sistema Nacional de Salud y Alta Inspección. I
b) A la Subdirección General del Ministerio de Sanidad responsable de la cartera de servicios.
c) A la Subdirección General de Evaluación y Fomento de la Investigación del Instituto de Salud «Carlos III».
d) A la Secretaría de Estado de Investigación, Desarrollo e Innovación del Ministerio de Economía y Competitividad.

35. ¿Quién es la entidad responsable de la Acción Estratégica en Salud (AES) del Plan Nacional de I+D+I?

a) La Agencia Estatal Consejo Superior de Investigaciones Científicas.
b) El Instituto de Salud Carlos III.
c) La Agencia Estatal de Investigación.
d) El Instituto Nacional de Investigación y Tecnología Agraria y Alimentaria.

36. El Instituto de Salud Carlos III fue creado por:

a) La Ley General de Sanidad.
b) La Ley de la Ciencia, la Tecnología y la Innovación.

c) La Ley de cohesión y calidad del Sistema Nacional de Salud.
d) La Ley de Investigación Biomédica

37. La Ley de Investigación Biomédica es:

a) La Ley 14/2011, de 1 de junio.
b) La Ley 14/2010, de 10 de junio.
c) La Ley 14/2009, de 30 de julio.
d) La Ley 14/2007, de 3 de julio.

38. El órgano permanente de coordinación, cooperación, comunicación e información de los servicios de salud entre ellos y con la Administración del Estado, que tiene como finalidad promover la cohesión del Sistema Nacional de Salud a través de la garantía efectiva y equitativa de los derechos de los ciudadanos en todo el territorio del Estado es:

a) El Consejo Interterritorial del Sistema Nacional de Salud.
b) La Agencia Estatal Consejo Superior de Investigaciones Científicas.
c) El Instituto de Salud Carlos III.
d) El Centro de Investigaciones Energéticas, Medioambientales y Tecnológicas.

39. La Cartera de Servicios Sanitarios del Sistema de Salud de Aragón se aprueba en el:

a) Decreto 63/2007, de 7 de mayo.
b) Decreto 65/2005, de 6 de mayo.
c) Decreto 65/2007, de 8 de mayo.
d) Decreto 67/2009, de 5 de mayo.

40. El procedimiento para la actualización de la Cartera de Servicios Sanitarios del Sistema de Salud de Aragón se regula en:

a) La Orden de 11 de julio de 2007.
b) La Orden de 12 de julio de 2007.
c) La Orden de 13 de julio de 2009.
d) La Orden de 14 de julio de 2008.

Solución al test n.º 14

1. c) Evaluación de tecnologías sanitarias.

2. a) La seguridad, eficacia y eficiencia de las tecnologías relevantes para la salud y la asistencia sanitaria.

3. a) La Ley 16/2003, de 28 de mayo.

4. d) El Real Decreto 1030/2006, de 15 de septiembre.

5. b) La Ley de cohesión y calidad del Sistema Nacional de Salud.

6. a) La Ley 14/2011, de 1 de junio.

7. b) Al Instituto de Salud Carlos III (ISCIII).

8. c) A la Agencia Estatal de Investigación.

9. a) Real Decreto 375/2001, de 6 abril.

10. b) Cuatro.

11. a) El Instituto de Salud Carlos III, a través de la Agencia de Evaluación de Tecnologías Sanitarias.

12. c) La eficiencia, la efectividad, la seguridad, la calidad y la equidad.

13. b) El Pleno del Consejo Interterritorial del SNS.

14. d) A los Institutos de Investigación Sanitaria.

15. c) INAHTA.

16. a) Colaboración Cochrane.

17. a) La Ley 16/2003, de 28 de mayo.

18. d) Establecer el grado de seguridad, eficacia, efectividad o eficiencia de la técnica, tecnología o procedimiento antes de decidir sobre la conveniencia o necesidad de su inclusión efectiva en la cartera de servicios del Sistema Nacional de Salud.

19. c) El art. 43 de la CE.

20. b) La Ley de Cohesión y Calidad del Sistema Nacional de Salud.

21. c) El Real Decreto Legislativo 1/2015, de 24 de julio.

22. d) Mediante Orden del Ministerio de Sanidad, previo acuerdo del Consejo Interterritorial del Sistema Nacional de Salud.

23. c) El Ministerio de Sanidad a través de la agencia de evaluación de tecnologías sanitarias del Instituto de Salud Carlos III en colaboración con otros órganos evaluadores propuestos por las Comunidades Autónomas.

24. a) La Comisión de prestaciones, aseguramiento y financiación, dependiente del Consejo Interterritorial del Sistema Nacional de Salud, así como de los comités y grupos de trabajo de ella dependientes.

25. d) Su exclusión cautelar por el Ministerio de Sanidad, poniéndolo en conocimiento de las Comunidades Autónomas de forma inmediata e informando de ello a la Comisión de prestaciones, aseguramiento y financiación, para que adopten las medidas necesarias.

26. a) Al Ministerio de Sanidad, que lo pondrá a disposición de las Comunidades Autónomas y de las agencias evaluadoras del Sistema Nacional de Salud.

27. a) El Director General de Cohesión del Sistema Nacional de Salud y Alta Inspección.

28. b) Un representante de cada una de las Comunidades Autónomas, de cada una de las mutualidades de funcionarios (MUFACE, MUGEJU e ISFAS), del Instituto Nacional de Gestión Sanitaria, de la Subdirección General de Análisis Económico y Fondo de Cohesión, del Instituto de Salud Carlos III, de la Dirección General de Salud Pública, de la Dirección General de Farmacia y Productos Sanitarios y de la Agencia de Calidad del Sistema Nacional de Salud.

29. a) En 2014, en Ginebra.

30. a) 1994.

31. d) Los hospitales docentes e investigadores del Sistema Nacional de Salud, de Universidades y otros Centros Públicos y Privados de Investigación.

32. a) El Real Decreto-ley 16/2012, de 20 de abril.

33. b) Las organizaciones nacionales y regionales responsables de la ETS.

34. c) A la Subdirección General de Evaluación y Fomento de la Investigación del Instituto de Salud «Carlos III».

35. b) El Instituto de Salud Carlos III.

36. a) La Ley General de Sanidad.

37. d) La Ley 14/2007, de 3 de julio.

38. a) El Consejo Interterritorial del Sistema Nacional de Salud.

39. c) Decreto 65/2007, de 8 de mayo.

40. a) La Orden de 11 de julio de 2007.

Práctica basada en la evidencia. Variabilidad en la práctica médica. Búsqueda y valoración de evidencias. Aplicación de las evidencias a la toma de decisiones clínicas. Guías clínicas. Proyecto Guía-Salud

1. La GuíaSalud es:

a) Un organismo.
b) Una herramienta.
c) Un servicio.
d) Un recurso.

2. La función de la GuíaSalud es:

a) Potenciar la oferta de recursos, servicios y productos basados en la evidencia científica.
b) Apoyar la toma de decisión de los profesionales.
c) Promover la investigación.
d) Un ente de salud.

3. ¿Cuál de los que se citan no forma parte de la estructura orgánica de la GuíaSalud?

a) El Consejo Ejecutivo.
b) El Comité Científico.
c) La Secretaría.
d) Los Asesores.

4. El órgano ejecutivo de la GuíaSalud está formado por representantes de las 17 Comunidades Autónomas. Su presidencia la ejerce:

a) El consejero de salud o representante en su nombre, de cualesquiera de las Comunidades Autónomas participantes, designado por mayoría de los asistentes.
b) El Director de la Dirección General de Salud Pública del Ministerio de Sanidad o persona en quién delegue.

c) Un representante del Instituto Aragonés de Ciencias de la Salud, como responsable de la gestión del Proyecto, designado por el Director Gerente del mismo.

d) El Director del Comité Científico.

5. El Comité Científico de GuíaSalud tiene como finalidad:

a) Impulsar el desarrollo y las actividades del proyecto Guía-Salud-Biblioteca de las GPC (Guías de Práctica Clínica) en el Sistema Nacional de Salud.

b) Proponer y ayudar a concretar temas prioritarios para la elaboración de las GPC (Guías de Práctica Clínica).

c) Asesorar en el desarrollo de las líneas de trabajo de GuíaSalud, de cara a garantizar el rigor científico de las mismas.

d) El lanzamiento y mantenimiento del portal GS (GuíaSalud) en Internet, de forma que sea accesible a todos los profesionales del Sistema Nacional de Salud (SNS).

6. El Comité Científico de GuíaSalud está formado por:

a) 17 miembros, uno por cada una de las comunidades autónomas.

b) 13 miembros, profesionales de reconocido prestigio.

c) 30 miembros, procedentes de Sociedades Científicas, Agencias/Unidades de Evaluación de Tecnologías Sanitarias, entidades interesadas en la Medicina Basada en la Evidencia.

d) 20 personas con perfiles multidisciplinares (medicina, enfermería, sociología, ingeniería, documentación, bioquímica, Administración).

7. La Secretaría de GuíaSalud la desempeña:

a) El Instituto de Salud Carlos III.

b) La Fundación Laín Entralgo.

c) El Instituto Aragonés de Ciencias de la Salud.

d) La Consejería de Salud y Servicios Sanitarios del Principado de Asturias.

8. El órgano responsable de la gestión de la GuíaSalud-Biblioteca es:

a) El comité asesor.

b) El comité científico.

c) La secretaría.

d) La red de colaboración.

9. ¿Cuál de los que se citan no es un programa de la Guía-Salud?

a) Programa de elaboración de las Guías de Práctica Clínica.

b) Programa de capacitación y difusión.

c) Programa de investigación.

d) Programa de cumplimentación.

10. El Instrumento que ofrece un marco para evaluar la calidad de las guías de práctica clínica, proporciona una estrategia metodológica para el desarrollo de guías y establece qué información y cómo debe de ser presentada en las guías se denomina:

a) AGREE II.
b) PICO.
c) OPBE.
d) HATD.

11. El portal web (portal.guiasalud.es) es una herramienta clave que fue lanzada en:

a) 2002.
b) 2003.
c) 2004.
d) 2005.

12. Cuando se adopta la nueva definición de la Guía Práctica Clínica:

a) 2011.
b) 2012.
c) 2013.
d) 2014

13. La formulación de preguntas clínicas se denomina:

a) iOS.
b) PICO.
c) OPBE.
d) HATD.

14. El Programa de GPC en el SNS de GuíaSalud comienza su actividad publicando su primer manual relativo a la "Elaboración de Guías de Práctica Clínica en el Sistema Nacional de Salud. Manual metodológico" en:

a) 2002.
b) 2005.
c) 2007.
d) 2009.

15. El Portal Web (portal.guiasalud.es) cuenta con la certificación:

a) HONcode.
b) AGREE II.
c) HATD.
d) FAQs.

Solución al test n.º 15

1. a) Un organismo.

2. a) Potenciar la oferta de recursos, servicios y productos basados en la evidencia científica.

3. d) Los Asesores.

4. b) El Director de la Dirección General de Salud Pública del Ministerio de Sanidad, o persona en quién delegue.

5. c) Asesorar en el desarrollo de las líneas de trabajo de GuíaSalud, de cara a garantizar el rigor científico de las mismas.

6. b) 13 miembros, profesionales de reconocido prestigio.

7. c) El Instituto Aragonés de Ciencias de la Salud.

8. c) La secretaría.

9. d) Programa de cumplimentación.

10. a) AGREE II.

11. d) 2005.

12. d) 2014.

13. b) PICO.

14. c) 2007.

15. a) HONcode.

TEST N.º 16

La seguridad del paciente. Gestión de riesgos. Principales problemas para la seguridad del paciente en el hospital. Estrategias para la mejora de la seguridad

1. La seguridad del paciente se entiende como:

a) El coste ocasionado por la asistencia sanitaria.
b) El error ocasionado por los profesionales sanitarios.
c) La ausencia, prevención y minimización del daño ocasionado por la asistencia sanitaria.
d) La deficiente organización de los servicios sanitarios.

2. Según la OMS, la definición de seguridad del paciente es:

a) No solo la ausencia de daño innecesario real asociado a la atención integral.
b) La ausencia de un daño innecesario real o potencial asociado a la atención sanitaria.
c) El conjunto de elementos estructurales, procesos, instrumentos y metodologías basadas en Evidencias científicamente comprobadas que buscan minimizar el riesgo de sufrir un evento adverso en el proceso de atención de salud.
d) Todas son correctas.

3. Una lesión no intencionada que se relaciona con el proceso asistencial más que con el estado patológico del paciente, es denominado:

a) Riesgo.
b) Efecto adverso.
c) Peligro.
d) Causa contribuyente.

4. Cita cuál es una causa por la que se puede producir un evento adverso:

a) Por error humano.
b) Por fallos en el sistema.
c) Por agentes externos a la organización.
d) Todas son correctas.

5. La teoría del error humano planteada a través del modelo defensivo del "queso suizo" tiene como autor:

a) Peterson.
b) Reason.
c) Lenninger.
d) Frost.

6. Los errores humanos pos causas involuntarias, pueden ser por:

a) Despiste.
b) Desliz.
c) Lapsus.
d) Todas son correctas.

7. ¿Qué tipo de error humano se produce por fallos de la memoria?

a) Desliz.
b) Despiste.
c) Lapsus.
d) Todos ellos.

8. ¿Qué tipo de error se produce por incumplimiento de normas o procedimientos de seguridad de forma intencionada?

a) Equivocación.
b) Sabotaje.
c) Violación.
d) Negligencia.

9. El modelo del "queso suizo":

a) Explica un accidente como la "superposición o coincidencia de fallas en diferentes niveles de la organización en un mismo momento.
b) En este modelo se representan, como lonchas de queso, las barreras o defensas del sistema sanitario para reducir los riesgos o peligros de las actividades sanitarias y evitar la aparición de un efecto adverso en el paciente.
c) Sus agujeros representan sus imperfecciones.
d) Todas son correctas.

10. Cualquier situación no deseable o factor que pueda contribuir a aumentar la probabilidad de que se produzca, que está en relación con la atención sanitaria recibida y que puede tener consecuencias para la salud del paciente, se denomina:

a) Efecto terapéutico.
b) Peligro.

c) Riesgo.
d) Error.

11. ¿Cuál es el orden lógico para llevar a cabo un ACR?

a) Detección del hecho y búsqueda del responsable.
b) Organización del equipo, detección de los incidentes, recogida de la información, realización del mapa de los hechos, análisis y plan de acción.
c) Detección del hecho, búsqueda del responsable, recopilación de la información, búsqueda de la causa y acciones de mejora.
d) Ninguna es correcta.

12. ¿Cuál de los siguientes se considera un error de medicación?

a) Usar la vía oral para un fármaco intramuscular.
b) Retrasar la administración de una dosis.
c) No valorar las interacciones con otros fármacos.
d) Todas ellas son consideran errores de medicación.

13. Una de las siguientes NO es una característica del AMFE. Identifícala:

a) Es un análisis sistemático.
b) Es un análisis esporádico.
c) Es un análisis participativo.
d) Permite la priorización.

14. En la fase del ACR "descripción del suceso" se debe incluir:

a) Descripción de lo sucedido.
b) Descripción de dónde y cuándo ocurrió el evento.
c) Las características del paciente y los profesionales relacionados con el evento.
d) Todas son correctas.

15. Las siglas AMFE, ¿qué significan?

a) Actuaciones modificables de fallos y efectos.
b) Análisis metódico de factores adversos.
c) Análisis modal de fallos y efectos.
d) Actuación modal para fallos y efectos.

16. Dentro de las características del sistema AMFE, ¿qué significado tiene que sea proactivo?

a) Que el análisis se estructura para asegurar la consideración de todos los fallos.
b) Que el análisis evalúa cada modo de fallo asignando una puntación.

c) Que el análisis se realiza en equipo.

d) Que se realiza un análisis *a priori* de los potenciales modos de fallo del proceso o servicio.

17. El índice de prioridad del riesgo en el sistema AMFE es una combinación de:

a) La gravedad, la probabilidad de ocurrencia y la importancia.

b) La probabilidad de ocurrencia, la importancia y la frecuencia.

c) La gravedad, la probabilidad de aparición y la probabilidad de detección.

d) La frecuencia, la importancia y la gravedad.

18. ¿Cuál de las siguientes no es una fase de realización del AMFE?

a) Describir las causas que podrían originar fallos.

b) Calcular el coste.

c) Calcular las prioridades.

d) Implantar acciones de mejora para prevenirlos.

19. El grado en que el sistema es capaz de prevenir, detectar, mitigar o mejorar peligros o incidentes se denomina:

a) Medida de mejora.

b) Calidad.

c) Resiliencia.

d) Seguridad.

20. La alteración estructural o funcional del organismo, que limita la actividad o restringe la participación en la sociedad, se denomina:

a) Daño.

b) Lesión.

c) Discapacidad.

d) Enfermedad.

21. ¿Cómo se denomina el proyecto que se puso en marcha el 27 de octubre del 2004, para intercambiar experiencias entre los países miembros para desarrollar políticas de seguridad de los pacientes?

a) Alianza Internacional.

b) Seguridad del Paciente: un problema mundial.

c) Alianza Mundial para la Seguridad del Paciente.

d) Estrategia Mundial para la Seguridad del Paciente.

22. Son objetivos de la Alianza Mundial para la Seguridad del Paciente:

a) Otorgar un liderazgo mundial para la seguridad del paciente que promueva el cambio.

b) Emplear los conocimientos, la experiencia y la innovación para acrecentar la seguridad de los pacientes.

c) Ayudar a los sistemas de salud, organizaciones, profesionales y sociedad en la aplicación de las medidas de seguridad del paciente con el objetivo de mejorar la atención sanitaria y así reducir los riesgos que se derivan de ella.

d) Todas son correctas.

23. La Alianza Mundial para la Seguridad del paciente pone en marcha el Programa para la Seguridad del Paciente, para ello debe:

a) Desarrollar políticas de seguridad del paciente.

b) Promover el trabajo en equipo.

c) Promover el aprendizaje.

d) Todas son correctas.

24. Una de las siguientes no está entre las nueve soluciones para la seguridad del paciente:

a) Medicamentos de aspecto o nombre parecido.

b) Identificación de pacientes.

c) Control de las soluciones no concentradas de cloruro sódico.

d) Comunicación durante el traspaso.

25. ¿Cuál de las siguientes herramientas es exclusivamente proactiva?

a) La espina de pescado.

b) El análisis de barreta.

c) El AMFE.

d) Los porqués en cascada.

26. ¿Qué preguntas haría para orientar un problema relacionado con la seguridad del paciente?

a) ¿Qué? ¿Dónde?

b) ¿Qué? ¿Dónde? ¿Cómo? ¿Cuándo? ¿Por qué?

c) ¿Qué? ¿Por qué? ¿Qué hacer para que no se repita?

d) ¿Qué? ¿Dónde? ¿Cómo? ¿Quién? ¿Cuándo? ¿Por qué?

27. Una de las siguientes está entre las nueve soluciones para la seguridad del paciente:

a) Realización del procedimiento correcto en el lugar del cuerpo.

b) Usar una sola vez los dispositivos de inyección.

c) Evitar los errores de conexión de catéteres y tubos.

d) Todas son correctas.

28. ¿Cuál de las siguientes afirmaciones en relación con los errores de medicación es cierta?

a) La mayoría de los errores que alcanzan a los pacientes causan daño.

b) Una vez que ocurre un error no se dispone de medidas para interceptarlo antes de que llegue al paciente.

c) Se dispone de prácticas efectivas para minimizar los errores y evitar que causen daño a los pacientes.

d) Todas son correctas.

29. Entre las prácticas de seguridad emitidas por distintas organizaciones dedicadas a la mejora de la seguridad se encuentran:

a) Establecer procedimientos para el manejo de los medicamentos de alto riesgo.

b) Elaborar un listado de los medicamentos con nombres similares existentes en la institución y establecer medidas para evitar errores entre ellos.

c) Establecer un procedimiento para conciliar la medicación del paciente y asegurar la continuidad de los tratamientos.

d) Todas son correctas.

Solución al test n.º 16

1. c) La ausencia, prevención y minimización del daño ocasionado por la asistencia sanitaria.

2. d) Todas son correctas.

3. b) Efecto adverso.

4. d) Todas son correctas.

5. b) Reason.

6. d) Todas son correctas.

7. c) Lapsus.

8. c) Violación.

9. d) Todas son correctas.

10. c) Riesgo.

11. b) Organización del equipo, detección de los incidentes, recogida de la información, realización del mapa de los hechos, análisis y plan de acción.

12. d) Todas ellas son consideran errores de medicación.

13. b) Es un análisis esporádico.

14. d) Todas son correctas.

15. c) Análisis modal de fallos y efectos.

16. d) Que se realiza un análisis *a priori* de los potenciales modos de fallo del proceso o servicio.

17. c) La gravedad, la probabilidad de aparición y la probabilidad de detección.

18. b) Calcular el coste.

19. c) Resiliencia.

20. c) Discapacidad.

21. c) Alianza Mundial para la Seguridad del Paciente.

22. d) Todas son correctas.

23. d) Todas son correctas.

24. c) Control de las soluciones no concentradas de cloruro sódico.

25. c) El AMFE.

26. c) ¿Qué? ¿Por qué? ¿Qué hacer para que no se repita?

27. d) Todas son correctas.

28. c) Se dispone de prácticas efectivas para minimizar los errores y evitar que causen daño a los pacientes.

29. d) Todas son correctas.

Uso Racional del Medicamento. Criterios de selección de medicamentos. Equivalentes terapéuticos. Indicadores de calidad de prescripción

1. Todo componente de un medicamento distinto del principio activo y del material de acondicionamiento, se llama:

a) Sustancia inactiva.
b) Aditivo.
c) Residuo.
d) Excipiente.

2. Los responsables de la producción, distribución, venta y dispensación de medicamentos y productos sanitarios deberán respetar, en la prestación del servicio a la comunidad, el principio de:

a) Interés público.
b) Universalidad.
c) Continuidad.
d) Publicidad.

3. Para garantizar la máxima objetividad en la fijación de precios, se tendrán en consideración los informes que elabore la Agencia Española de Medicamentos y Productos Sanitarios sobre:

a) La utilidad terapéutica de los medicamentos.
b) La disponibilidad de los medicamentos en el mercado.
c) La caducidad de los medicamentos.
d) El uso racional de los medicamentos.

4. El procedimiento de seguimiento de las reacciones adversas de un medicamento se realiza mediante la elaboración de:

a) La tarjeta blanca.
b) La tarjeta amarilla.

c) La tarjeta negra.
d) La tarjeta verde.

5. Para facilitar la selección del medicamento, una vez que se sepa el diagnóstico y los mecanismos fisiológicos mediante los cuales puede incidir en el tratamiento adecuado, se pueden considerar algunos criterios, señale el que no corresponda:

a) Eficacia.
b) Seguridad.
c) Duración de tratamiento estándar.
d) Coste del tratamiento.

6. La prescripción y dispensación de medicamentos y productos sanitarios en receta médica electrónica en el Sistema Nacional de Salud deberá atenerse a los criterios generales sobre receta médica según lo dispuesto en:

a) El Real Decreto 1.718/2010.
b) La Dirección General de Farmacia y Productos Sanitarios del Ministerio de Sanidad.
c) El Real Decreto 1.910/1984, de 26 de septiembre.
d) La Ley 25/1990, de 20 de diciembre, del Medicamento.

7. Señalar la opción que no corresponda. La Agencia Española de Medicamentos y Productos Sanitarios podrá establecer, en los medicamentos que solo pueden dispensarse bajo prescripción médica, las siguientes subcategorías:

a) Medicamentos de dispensación bajo prescripción médica renovable o no renovable.
b) Medicamentos de uso veterinario elaborados industrialmente.
c) Medicamentos sujetos a prescripción médica especial.
d) Medicamentos de dispensación bajo prescripción médica restringida, de utilización reservada a determinados medios especializados.

8. Los derivados de la sangre, del plasma y el resto de sustancias de origen humano (fluidos, glándulas, excreciones, secreciones, tejidos y cualesquiera otras sustancias), así como sus correspondientes derivados, se considerarán medicamentos:

a) En todo caso.
b) Cuando procedan de donaciones altruistas.
c) Cuando se utilicen con finalidad terapéutica.
d) Cuando tengan una finalidad diagnóstica.

9. Señalar la respuesta incorrecta. Se considera «medicamento de terapia celular somática», la utilización en seres humanos de células:

a) Obtenidas mediante un conjunto de procesos de fabricación destinados a transferir, in vivo o ex vivo, un gen profiláctico, de diagnóstico o terapéutico.
b) Somáticas vivas procedentes del propio paciente.

c) Procedentes de animales, cuyas características biológicas han sido alteradas sustancialmente por manipulación para obtener un efecto deseado.

d) Alogénicas.

10. Todo radionucleido producido industrialmente para el marcado radiactivo de otras sustancias antes de su administración, se denomina:

a) Generador.
b) Precursor.
c) Equipo reactivo.
d) Isótopo radiactivo.

11. Señalar la respuesta incorrecta. Ningún ensayo clínico podrá ser realizado:

a) Sin informe previo favorable de un Comité Ético de Investigación Clínica.

b) En tanto no se disponga de suficientes datos científicos y, en particular, ensayos farmacológicos y toxicológicos en animales, que garanticen que los riesgos que implica en la persona en que se realiza son admisibles.

c) Si no se demuestra la eficacia y seguridad de las modificaciones terapéuticas que propone la investigación.

d) Si el sujeto del ensayo no puede expresar su consentimiento por escrito.

12. En relación con los mensajes publicitarios de los medicamentos, es cierto que:

a) La publicidad de medicamentos no sujetos a prescripción médica requerirá de autorización administrativa previa.

b) Podrán incluir expresiones que proporcionen seguridad de curación, testimonios sobre las virtudes del producto y de profesionales o personas cuya notoriedad induzca al consumo.

c) Debe resultar evidente el carácter publicitario del mensaje y quedar claramente especificado que el producto es un medicamento.

d) Podrán utilizar como argumento publicitario el hecho de haber obtenido autorización sanitaria en cualquier país o cualquier otra autorización, número de registro sanitario o certificación que corresponda expedir, y los controles o análisis que compete ejecutar a las autoridades sanitarias.

13. Para contribuir al uso racional de los medicamentos, las unidades o servicios de farmacia de atención primaria realizarán las siguientes funciones, excepto una, indique cuál:

a) Establecer un sistema eficaz y seguro de distribución de medicamentos y productos sanitarios en los centros y estructuras a su cargo.

b) Efectuar trabajos de investigación propios o en colaboración con otras unidades o servicios y participar en los ensayos clínicos con medicamentos.

c) Establecer un sistema para el seguimiento de los tratamientos a los pacientes que contribuya a garantizar el cumplimiento terapéutico así como programas que potencien un uso seguro de los medicamentos.

d) Impulsar la coordinación y trabajo en equipo y colaboración con los hospitales y servicios de atención especializada, con la finalidad de asegurar la calidad de la prestación farmacéutica mediante el seguimiento de los tratamientos prescritos por el médico.

14. En el Sistema Nacional de Salud, la primera prescripción de medicamentos para los procesos crónicos se hará por:

a) Principio activo.
b) Denominación comercial.
c) Precios de referencia.
d) Agrupaciones homogéneas.

15. Las recetas oficiales que lleven impresas el código alfanumérico TSI 001, corresponden a aquellos usuarios:

a) Con un 10 % de aportación.
b) Exentos de aportación.
c) Para las recetas de medicamentos y productos sanitarios no financiados.
d) Con aportación de un 50 %.

16. Señalar la respuesta errónea. En el caso de los medicamentos que se relacionan, solo podrá prescribirse un medicamento y hasta cuatro envases por receta:

a) Presentaciones en unidosis y por vía parenteral del grupo terapéutico J01 antibacterianos para uso sistémico.
b) Presentaciones en unidosis y por vía parenteral de los subgrupos J01E, J01M y J01R antibacterianos para uso sistémico.
c) Viales multidosis (excepto cartuchos multidosis) del grupo terapéutico A10A insulinas y análogos.
d) Medicamentos que contengan sustancias estupefacientes incluidas en la lista I de la Convención Única de 1961 de estupefacientes, de acuerdo con la normativa específica de aplicación.

17. La receta médica oficial en soporte papel es válida para una dispensación por la oficina de farmacia a partir de la fecha de prescripción o, cuando conste, de la fecha prevista por el prescriptor para su dispensación en un plazo de:

a) 15 días naturales.
b) 10 días naturales.
c) 15 días naturales a partir de la fecha del visado.
d) 7 días naturales.

18. Estarán exentos de aportación en el pago de los medicamentos:

a) Las personas beneficiarias del ingreso mínimo vital.

b) Las personas menores de edad con un grado de discapacidad reconocido igual o superior al 30 %.

c) Los pensionistas de la Seguridad Social, cuya renta anual sea inferior a 5.635 euros consignada en la casilla de base liquidable general y del ahorro de la declaración del Impuesto sobre la Renta de las Personas Físicas, y los que, en el caso de no estar obligados a presentar dicha declaración, perciban una renta anual inferior a 12.100 euros.

d) Todas las respuestas son correctas.

19. En los casos de sospechas de reacciones adversas a medicamentos, los profesionales sanitarios tienen la obligación de conservar la documentación clínica durante:

a) 1 año.

b) 5 años.

c) 3 años.

d) 10 años.

20. Para la intervención con los pacientes polimedicados el plan de actuación incluirá las siguientes estrategias excepto una; indicar cuál:

a) Mejora en la adecuación del uso del medicamento (adecuación a la indicación, a objetivos terapéuticos, a las necesidades y preferencias del paciente).

b) Estrategias de educación sanitaria.

c) Estrategias de cuidados, incluyendo la gestión de las revisiones por el especialista que fueran necesarias.

d) Intervención con dinámicas de grupos.

Solución al test n.º 17

1. d) Excipiente.

2. c) Continuidad.

3. a) La utilidad terapéutica de los medicamentos.

4. b) La tarjeta amarilla.

5. c) Duración de tratamiento estándar.

6. a) El Real Decreto 1.718/2010.

7. b) Medicamentos de uso veterinario elaborados industrialmente.

8. c) Cuando se utilicen con finalidad terapéutica.

9. a) Obtenidas mediante un conjunto de procesos de fabricación destinados a transferir, in vivo o ex vivo, un gen profiláctico, de diagnóstico o terapéutico.

10. b) Precursor.

11. d) Si el sujeto del ensayo no puede expresar su consentimiento por escrito.

12. c) Debe resultar evidente el carácter publicitario del mensaje y quedar claramente especificado que el producto es un medicamento.

13. b) Efectuar trabajos de investigación propios o en colaboración con otras unidades o servicios y participar en los ensayos clínicos con medicamentos.

14. a) Principio activo.

15. b) Exentos de aportación.

16. b) Presentaciones en unidosis y por vía parenteral de los subgrupos J01E, J01M y J01R antibacterianos para uso sistémico.

17. b) 10 días naturales.

18. a) Las personas beneficiarias del ingreso mínimo vital.

19. b) 5 años.

20. d) Intervención con dinámicas de grupos.

TEST N.º 18

Evaluación y mejora de la calidad. Modelos de Gestión de la Calidad. Diseño de un programa de calidad

1. ¿En qué época comienza la preocupación por la calidad de lo producido?

a) A finales del siglo XX.
b) En la época de la industrialización.
c) Comienza antes en los procesos industriales y más tarde se importan los métodos al sector servicios.
d) Las opciones b) y c) son ciertas.

2. Habitualmente se piensa que la preocupación por la calidad de los servicios de enfermería ha surgido en las tres últimas décadas. ¿Qué piensa Vd.?

a) Es cierto, aún no hace 30 años que se empezó a plantear la necesidad de mejorar la calidad de los cuidados.
b) El primer escrito en el que se manifiesta la preocupación por la calidad de los cuidados se publicó en 1983 por la ANA (American Nursing Association).
c) La preocupación por la calidad de los servicios de Enfermería se remonta a F. Nightingale (1858), en su conocido estudio de los cuidados hospitalarios durante la guerra de Crimea.
d) La preocupación por la calidad de los servicios sanitarios surge en la década de los noventa pero, aún hoy, siguen siendo teorías, sin aplicación real en el campo de la Enfermería.
e) Todas las opciones anteriores son ciertas.

3. ¿Qué evalúa el denominado Proyecto Ibérico (1989)?

a) La capacidad docente de los Hospitales.
b) La calidad en la Atención Especializada.
c) La calidad científico-técnica de una red sanitaria.
d) La calidad en Atención Primaria.

4. La calidad consiste en la comparación de la percepción del servicio recibido, con las expectativas que se tenían. ¿Cómo se relacionan estos tres términos?

a) Calidad = Percepción – Expectativas.
b) Calidad = Expectativas – Percepción.
c) Calidad = Expectativas + Percepción.
d) Calidad = Expectativas x Percepción.

5. ¿Cuál de los siguientes aspectos no se incorpora en la gestión de la calidad total de los servicios sanitarios?

a) Reducción de costes.
b) Implicación de los profesionales.
c) Nivel científico técnico.
d) Satisfacción de los usuarios.

6. Todos los enunciados hacen referencia a la calidad. ¿Cuál de ellos implica la ejecución periódica y sistemática de medidas correctoras y la posterior evaluación de lo realizado?

a) Control de calidad.
b) Garantía de calidad.
c) Evaluación de calidad.
d) Normas de calidad.

7. Según la fórmula de Cotte, que relaciona la calidad con la comparación de la percepción del servicio recibido y con las expectativas que de ese tenían. ¿Cómo sería un servicio en el que la percepción es mucho mayor que las expectativas?

a) De mala calidad.
b) De excelente calidad.
c) De buena calidad.
d) No es un factor que influya.

8. Indicar a qué enunciado corresponde la siguiente definición: "Su herramienta fundamental es la gestión por procesos asistenciales, que supone la atención y respuesta única del sistema sanitario ya que centra las actuaciones en el usuario, implica a los profesionales como principales protagonistas del cambio y facilita la continuidad asistencial. Incorpora los siguientes aspectos: satisfacción de usuarios, implicación de los profesionales, mejora continua de las actividades y reducción de costes".

a) Control de calidad.
b) Garantía de calidad.
c) Gestión de la calidad total.
d) Calidad total.

9. El doctor Avedis Donabedian equipara la atención sanitaria con una línea de producción en la que, a partir de la utilización de unos determinados recursos, se pretende generar salud. ¿Qué aspectos propone que se analicen?

a) Eficacia, eficiencia y efectividad.
b) Estructura, proceso y resultados.
c) Nivel técnico, satisfacción y accesibilidad.
d) Adecuación, continuidad y equidad.

10. ¿En qué apartado del Modelo de Producción propuesto por el doctor Avedis Donabedian se evalúa de forma genérica el conjunto de actividades que los profesionales de la salud realizan con el enfermo, incluyendo habitualmente las respuestas de éste?

a) En el resultado.
b) En el proceso.
c) En la eficacia.
d) En la eficiencia.

11. ¿En qué apartado del Modelo de Producción propuesto por el doctor Avedis Donabedian se valoran las características externas del entorno en que se presta la atención sanitaria?

a) En la accesibilidad.
b) En la estructura.
c) En la adecuación.
d) En los procesos.

12. ¿Cuál de los siguientes enunciados no corresponde con alguno de los atributos que debe tener un indicador para que sea considerado como bueno?

a) Sensibilidad.
b) Fiabilidad.
c) Validez.
d) Eficacia.

13. ¿Qué es un estándar de calidad?

a) La especificación cuantitativa de un criterio.
b) Las condiciones que debe cumplir una estructura, un proceso, o un resultado, para que se le pueda considerar de calidad.
c) Un porcentaje de la valoración numérica que se ha dado al criterio de calidad.
d) Las opciones a) y c) son ciertas.

14. ¿A qué se denomina criterio de calidad?

a) A la especificación cuantitativa de un estándar de calidad.

b) A las condiciones que debe cumplir una estructura, un proceso, o un resultado, para que se le pueda considerar de calidad.

c) A un porcentaje de la valoración numérica que se ha dado al estándar de calidad.

d) Al porcentaje de aciertos y errores de cada servicio; que no debe, según los acuerdos internacionales, superar el 15% de los errores en ningún caso.

15. Los sistemas sanitarios son utilizados de forma diversa, por muchos tipos de personas. ¿Cómo se denomina a aquellas personas que reciben el beneficio del producto sanitario, sin ser el comprador del mismo (por ejemplo el hijo del titular de un seguro)?

a) Paciente.

b) Cliente.

c) Usuario.

d) Acompañante.

16. ¿Cómo se denomina al proceso de verificación externa al que se someten voluntariamente los centros, se realizan por órganos independientes que poseen criterios y estándares prefijados, y que otorgarán, en el caso de que el resultado se ajuste al baremo, la certificación correspondiente durante un determinado período de tiempo, pasado el cual habrá que volver a solicitarlo?

a) Auditoría.

b) Peer review.

c) Acreditación.

d) Método MAQSI.

17. ¿Cuál de los siguientes enunciados representa un método interno de evaluación de la calidad?

a) Joint Commission on Acreditation of Hospitals (JCAH).

b) Auditorías.

c) MAQSI.

d) Acreditaciones.

18. ¿Cómo denominaría a los procedimientos conocidos como Ciclo evaluativo y Monitorización?

a) Son programas de garantía de calidad.

b) Son programas de mejora continua de la calidad.

c) Son programas de calidad total.

d) Son programas de calidad que atienden a la visión de los gestores.

19. ¿Cuál de los siguientes enunciados es una estrategia de mejora continua de la calidad aplicado a la estructura?

a) Satisfacción del cliente.
b) Acreditación de centros y de profesionales.
c) Evaluación de la calidad de vida.
d) Audits.

20. ¿Cuál de los siguientes enunciados es una estrategia de mejora continua de la calidad aplicado a los procesos?

a) Evaluación de la calidad de vida.
b) Contrato programa.
c) Audits.
d) Acreditación de centros y de profesionales.

21. ¿Cuál de los siguientes enunciados, no corresponde con alguna de las etapas propias de un ciclo evaluativo o de mejora de la calidad?

a) Implantación de las medidas correctoras.
b) Reevaluación.
c) Identificación de problemas u oportunidades de mejora.
d) Auditoría a los profesionales.

22. La elaboración de criterios en un ciclo evaluativo es de gran importancia, pues de esto depende en gran medida la utilidad de la evaluación. ¿A qué se denomina criterios transversales?

a) A los que miden aspectos parciales de la atención sanitaria.
b) A los que miden la calidad de aspectos globales de la atención sanitaria.
c) A Los que se aplican de forma independiente unos de otros.
d) A aquellos en los que no se especifica lo que hay que hacer en cada caso, ya que se relaciona con la buena práctica profesional.

23. ¿Cómo se denomina a los criterios de un ciclo evaluativo, que tienen todos el mismo valor como medidores de la calidad?

a) Criterios ponderados.
b) Criterios transversales.
c) Criterios generales.
d) Criterios isovalentes.

Solución al test n.º 18

1. d) Las opciones b) y c) son ciertas.

2. c) La preocupación por la calidad de los servicios de Enfermería se remonta a F. Nightingale (1858), en su conocido estudio de los cuidados hospitalarios durante la guerra de Crimea.

3. d) La calidad en Atención Primaria.

4. a) Calidad = Percepción – Expectativas.

5. c) Nivel científico técnico.

6. b) Garantía de calidad.

7. b) De excelente calidad.

8. c) Gestión de la calidad total.

9. b) Estructura, proceso y resultados.

10. b) En el proceso.

11. b) En la estructura.

12. d) Eficacia.

13. d) Las opciones a) y c) son ciertas.

14. b) A las condiciones que debe cumplir una estructura, un proceso, o un resultado, para que se le pueda considerar de calidad.

15. c) Usuario.

16. c) Acreditación.

17. c) MAQSI.

18. a) Son programas de garantía de calidad.

19. b) Acreditación de centros y de profesionales.

20. c) Audits.

21. d) Auditoría a los profesionales.

22. c) A Los que se aplican de forma independiente unos de otros.

23. d) Criterios isovalentes.

TEST N.º 19

Principios fundamentales de la Bioética: aplicación a la asistencia sanitaria. La relación médico-paciente, el consentimiento informado. Los comités de Bioética. La ética en la investigación clínica

1. ¿Qué característica de las normas éticas es falsa?

a) Las normas éticas no han de cumplirse obligatoriamente, no están positivadas y no están ligadas al Estado.

b) Las normas éticas son cumplidas mediante medidas coercitivas externas.

c) Las normas morales no tienen repercusión social ni jurídica.

d) A veces, tales normas se plasman en documentos o códigos deontológicos cuyo cumplimiento es exigido de alguna manera por organizaciones colegiales o asociaciones profesionales.

2. ¿Cuál de éstos consideras un valor extrínseco, atendiendo a las teorías de Raths, Haumin y Simon para que las creencias, actitudes, actividades o sentimientos como elementos se conviertan en valor?

a) El aire y el agua.

b) Los alimentos.

c) La salud.

d) Son todos valores extrínsecos.

3. ¿Qué acción hemos realizado cuando hemos desacreditado a alguien por medio de manifestaciones o declaraciones públicas para hacerle perder su reputación?

a) Difamación.

b) Imprudencia.

c) Negligencia.

d) Impericia.

4. ¿Qué valor profesional de estos implica la adhesión a los valores profesionales y el compromiso con la propia profesión de mejora, desarrollo de la investigación y busca de estrategias que fomenten y desarrollen los derechos humanos en el ámbito sanitario?

a) Compromiso personal y profesional.
b) Autonomía y autodeterminación.
c) Individualización y globalización.
d) Excelencia profesional.

5. La expresión de un profesional sanitario sobre un enfermo terminal como *Ya no hay nada que hacer* contraviene el principio ético de:

a) Autonomía.
b) Beneficencia.
c) Integridad.
d) Justicia.

6. Cualquier circunstancia, dicho o hecho que perjudica a una persona en sus intereses, derechos o reputación respecto a terceros es:

a) Un agravio.
b) Un asalto.
c) Una imprudencia.
d) Una agresión.

7. ¿Cuál de estos aspectos consideras que es el tercer paso a seguir para la toma de decisiones éticas en la práctica clínica?

a) Decisiones a tomar.
b) Descripción de problemas.
c) Resolución del problema.
d) Principios.

8. ¿Qué principios éticos básicos son necesarios en toda investigación o experimentación realizada en seres humanos?

a) Respeto a la justicia.
b) Respeto a las personas.
c) Respeto a la búsqueda del bien.
d) Todos los anteriores.

9. ¿A qué se le llama el patrón de cambio en la conducta moral a medida que pasan los años?

a) Moralidad.
b) Principio moral.

c) Desarrollo moral.
d) Ética.

10. ¿En qué principio ético encaja la expresión latina Primum non nocere?

a) Principio de beneficencia.
b) Principio de justicia.
c) Principio de no maleficencia.
d) Principio de autonomía.

11. ¿Qué término falta en esta definición incompleta de secreto profesional: es la obligación de silencio que contrae el sanitario respecto a todo lo sabido o intuido sobre una o más personas en el transcurso de su relación profesional?

a) Necesaria.
b) Puntual.
c) Permanente.
d) No falta nada.

12. La Ley de Autonomía del Paciente establece la obligatoriedad de obtener el consentimiento informado del paciente:

a) Sólo en los casos de intervención quirúrgica.
b) Sólo en los casos de aplicación de procedimientos que supongan grandes riesgos o inconvenientes de notoria repercusión negativa sobre su salud.
c) Para toda actuación en el ámbito de su salud.
d) La Ley no establece esta obligación.

13. Tal y como establece la ley 41/2002, de Autonomía del Paciente, en caso de que el paciente no acepte el tratamiento se le propondrá que firme el alta voluntaria y si no la firma la Dirección del Centro:

a) Puede disponer el alta forzosa.
b) Firmará en su nombre el alta involuntaria.
c) Mantendrá el ingreso por periodo mínimo de cinco días naturales.
d) No está reconocida la negativa al tratamiento de los pacientes.

14. El derecho del paciente a no ser informado:

a) No está reconocido por la ley.
b) Podrá restringirse en cualquier momento.
c) Podrá restringirse cuando sea estrictamente necesario en beneficio del paciente.
d) Sólo podrá ejercitarse si el paciente designa a un familiar o a otra persona a la que se le facilite la información.

15. El reconocimiento legal de que se respeten los deseos expresados anteriormente en el documento de *instrucciones previas* es una manifestación del derecho:

a) A la información sanitaria.
b) A la segunda opinión.
c) A la autonomía del paciente.
d) A la información post-mortem.

16. Indique la proposición incorrecta en relación con los requisitos del consentimiento:

a) Debe ser libre.
b) Debe ser voluntario.
c) La decisión de consentir debe anteceder a una información adecuada.
d) La persona que lo presta debe tener capacidad para conocer, comprender y querer el alcance de su decisión.

17. La Ley 41/2002, de Autonomía del paciente, establece que, como regla general, el consentimiento se manifestará en forma:

a) Verbal.
b) Escrita.
c) Documental.
d) Ante testigos.

18. Según establece la Ley 41/2002, de Autonomía del paciente, el paciente o usuario tiene derecho a decidir libremente entre las opciones clínicas disponibles después de recibir:

a) Información completa.
b) Información adecuada.
c) Información documental.
d) Información escrita.

19. La renuncia del paciente a recibir información:

a) No se reconoce por la ley.
b) Está limitada por el interés de la salud del propio paciente.
c) No está limitada por el interés de la salud de terceros.
d) Ninguna de las anteriores es correcta.

20. Uno de los fundamentos éticos del consentimiento informado es el principio de autonomía. En aplicación del mismo el profesional sanitario tiene el deber de:

a) Evitar el mal del paciente.
b) Hacer el bien al paciente.

c) Respetar la libre determinación del paciente.
d) Actuar sin discriminación.

21. Según establece la Ley 41/2002, de Autonomía del paciente, ha de constar siempre por escrito:

a) La información al paciente.
b) El consentimiento informado.
c) La aceptación del tratamiento.
d) La negativa al tratamiento.

22. En la legislación sanitaria española, el consentimiento escrito del paciente:

a) Es una exigencia legal.
b) Es conveniente.
c) Es obligatorio en determinados supuestos.
d) No es necesario.

23. Según establece la Ley de Autonomía del Paciente el consentimiento se prestará por escrito en el caso de:

a) Realización de una actuación sanitaria en el paciente.
b) Aplicación en el paciente de un procedimiento no invasor.
c) Intervención quirúrgica.
d) Aplicación de procedimientos de imprevisible repercusión negativa sobre la salud del paciente.

24. Para que un paciente o usuario otorgue válidamente su consentimiento a un tratamiento, el facultativo le ha de transmitir previamente:

a) Información escrita.
b) Información total y comprensible.
c) Información adecuada, comprensible y razonable.
d) Confianza.

25. La firma de un paciente analfabeto plasmada en el «documento formulario de consentimiento informado» con carácter previo a su intervención quirúrgica:

a) Significa que el paciente ha sido informado adecuadamente.
b) No tiene ninguna validez.
c) No tiene valor en sí misma, lo que no significa que no se pueda acreditar que ha existido información y ha consentido libremente.
d) Tendrá validez si incorpora una diligencia del facultativo indicando la condición del paciente.

26. En relación con el Documento de Consentimiento Informado:

a) Existe un formato unificado en el Sistema Nacional de Salud.

b) Cada Área Sanitaria fijará el suyo.

c) Las Administraciones Sanitarias, Servicios Sanitarios, Sociedades Científicas, Centros Hospitalarios, etc., fijan el que consideran más adecuado en el ámbito de sus competencias.

d) Es cierta la c), siempre que contenga tres partes: Preámbulo, Cuerpo y Aceptación.

27. Al respecto de la parte del Documento de Consentimiento Informado denominado *Aceptación*, señale la respuesta falsa:

a) Recoge la manifestación de conformidad del usuario de acogerse a la intervención o el procedimiento, debiendo suscribirla inexcusablemente con su firma.

b) Firmarán siempre el facultativo y los testigos o representantes que, en su caso, procedan.

c) En ella el usuario manifiesta que ha sido informado por el facultativo y que ha entendido lo que éste le ha dicho.

d) En ella el usuario manifiesta que ha sido informado por el facultativo y que consiente en acogerse a la actuación médica propuesta.

28. ¿Qué parte del Documento de Consentimiento Informado escrito contiene la información sobre procesos alternativos para llevar a cabo el diagnóstico o el tratamiento?

a) El Preámbulo.

b) La Aceptación.

c) El reverso.

d) El Cuerpo.

29. ... "El médico está obligado a ofertarle al enfermo los medios diagnósticos y terapéuticos que estime indicados en su caso, pero la realización última de los mismos va a depender de la voluntad del enfermo, que los aceptará o no sólo después de haber sido informado suficientemente acerca de su naturaleza, riesgos y objetivos" .... Ésta es la definición de la relación médico – paciente de tipo:

a) Paternalista.

b) Oligárquica.

c) Democrática.

d) De encuentro o alianza.

30. Existen supuestos legales en los que los facultativos pueden llevar a cabo las intervenciones clínicas indispensables en favor de la salud del paciente sin necesidad de contar con su consentimiento ni el de sus representantes o familiares. Señale uno de ellos:

a) Cuando el paciente esté incapacitado legalmente.

b) Cuando existe riesgo para la salud pública según determinen las autoridades sanitarias.

c) En caso de riesgo inmediato grave para la integridad física de otro paciente.

d) Cuando el paciente no sea capaz de tomar decisiones.

31. La toma en consideración de los deseos expresados anteriormente con respecto a una actuación médica en su persona por un paciente que en el momento de la intervención no se encuentra en situación de expresar su voluntad se conoce como:

a) Consentimiento.
b) Testamento vital.
c) Eutanasia activa.
d) Eutanasia pasiva.

32. La Ley de Autonomía del paciente reconoce el derecho a que se respeten los deseos expresados anteriormente en el:

a) Testamento vital.
b) Documento de voluntades anticipadas.
c) Documento de instrucciones previas.
d) Documento de instrucciones preliminares.

33. La información del consentimiento informado no precisa incluir:

a) Riesgos frecuentes.
b) Beneficios que se esperan alcanzar.
c) Consecuencias previsibles de la realización del procedimiento.
d) Bibliografía del procedimiento.

34. Actualmente (2024) en la provincia de Zaragoza hay:

a) 6 Comités de ética asistencial.
b) 5 Comités éticos de investigación clínica.
c) 2 Comités de bioética.
d) 1 Comité de bioética clínica de Aragón.

35. El mandato de los miembros del Comité de Bioética de Aragón es de

a) Tres años.
b) Cuatro años renovables.
c) Cinco años.
d) Cinco años renovables.

36. Las recomendaciones que emite un Comité de ética asistencial de centro tienen carácter consultivo y no vinculante, en tanto que los informes que emite el mismo Comité tienen carácter:

a) Consultivo y vinculante.
b) Igualmente consultivo y no vinculante.
c) Técnico asistencial.
d) Clínico informativo.

37. Entre las funciones atribuidas al Comité ético de investigación clínica de Aragón se encuentra evaluar los siguientes aspectos del protocolo:

a) De salud pública.
b) Económicos.
c) Metodológicos.
d) Sociológicos.

38. Respecto de la protección de las personas que participan en la investigación, la Declaración de Helsinki de 1964 añade como novedad respecto del Código de Nuremberg de 1947 el siguiente principio:

a) La investigación debe ser realizada por profesionales cualificados como científicos.
b) El derecho a retirarse voluntariamente de todo individuo que participa en un experimento.
c) Los riesgos asociados al experimento nunca deben superar la importancia humanitaria del problema a estudiar.
d) El diseño y los métodos deben detallarse en un protocolo escrito.

Solución al test n.º 19

1. b) Las normas éticas son cumplidas mediante medidas coercitivas externas .

2. c) La salud.

3. a) Difamación.

4. d) Excelencia profesional.

5. b) Beneficencia.

6. a) Un agravio.

7. a) Decisiones a tomar.

8. d) Todos los anteriores.

9. c) Desarrollo moral.

10. c) Principio de no maleficencia.

11. c) Permanente.

12. c) Para toda actuación en el ámbito de su salud.

13. a) Puede disponer el alta forzosa.

14. c) Podrá restringirse cuando sea estrictamente necesario en beneficio del paciente.

15. c) A la autonomía del paciente.

16. c) La decisión de consentir debe anteceder a una información adecuada.

17. a) Verbal.

18. b) Información adecuada.

19. b) Está limitada por el interés de la salud del propio paciente.

20. c) Respetar la libre determinación del paciente.

21. d) La negativa al tratamiento.

22. c) Es obligatorio en determinados supuestos.

23. c) Intervención quirúrgica.

24. c) Información adecuada, comprensible y razonable.

25. c) No tiene valor en sí misma, lo que no significa que no se pueda acreditar que ha existido información y ha consentido libremente.

26. d) Es cierta la c), siempre que contenga tres partes: Preámbulo, Cuerpo y Aceptación.

27. a) Recoge la manifestación de conformidad del usuario de acogerse a la intervención o el procedimiento, debiendo suscribirla inexcusablemente con su firma.

28. d) El Cuerpo.

29. c) Democrática.

30. d) Cuando el paciente no sea capaz de tomar decisiones.

31. b) Testamento vital.

32. c) Documento de instrucciones previas.

33. d) Bibliografía del procedimiento.

34. a) 6 Comités de ética asistencial.

35. b) Cuatro años renovables.

36. b) Igualmente consultivo y no vinculante.

37. c) Metodológicos.

38. d) El diseño y los métodos deben detallarse en un protocolo escrito.

Gobierno clínico. La implicación de los profesionales en el funcionamiento de las instituciones sanitarias

1. ¿En qué año se elaboró el "Informe Griffiths"?

a) En 1983.
b) En 1984.
c) En 1995.
d) En 1999

2. ¿A qué se le llama gobierno clínico?

a) A la gestión clínica
b) A la organización del Sistema Nacional de Salud.
c) A la mejora de la calidad de los servicios asistenciales.
d) A la mejora de los estándares asistenciales.

3. Señale la respuesta incorrecta respecto al tema sobre gobierno clínico:

a) El gobierno clínico es una nueva forma de gestión clínica.
b) El gobierno clínico es un cambio radical en la gestión clínica.
c) El gobierno clínico es una forma de organización clínica.
d) El gobierno clínico es la gestión clínica descentralizada.

4. En el nuevo concepto de gobierno clínico, se llama cliente al:

a) Paciente.
b) Usuario.
c) Enfermo.
d) Todo es cierto.

5. En cuanto al tema sobre gobierno clínico, este tiene como línea maestra:

a) La gestión clínica.
b) La descentralización.

c) La gestión por procesos.
d) La responsabilidad del profesional de la salud.

6. En el gobierno clínico, la calidad asistencial es responsabilidad:

a) Del profesional sanitario responsable del paciente.
b) Del equipo de salud.
c) Del consejo de salud.
d) Del cliente.

7. El eje central del gobierno clínico es:

a) El paciente/cliente.
b) El personal sanitario.
c) El personal administrativo y de gestión.
d) Todo es cierto.

8. En cuanto al gobierno clínico, el principio rector de la gestión clínica es:

a) Garantizar la calidad asistencial.
b) Evitar riesgos para los clientes.
c) Dar las prestaciones sanitarias.
d) Todas con ciertas.

9. Referente al gobierno clínico, la calidad asistencial, dentro de la gestión clínica, está definida por los siguientes parámetros no clínicos, excepto por:

a) La eficacia clínica.
b) La reducción de errores y mejora de estándares.
c) La gestión del riesgo.
d) El aprendizaje de los errores.

10. En la estructura organizativa del gobierno clínico, la supervisión de la calidad organizativa corresponde al:

a) Subcomité de la junta.
b) Al director ejecutivo.
c) Al director no ejecutivo.
d) a) y c) son ciertas.

11. En el gobierno clínico, son funciones del Comité Ejecutivo todas las que se citan, excepto:

a) Promover el desarrollo del gobierno clínico.
b) Aprobar los planes de desarrollo del gobierno clínico.

c) Coordinar y controlar los acuerdos de la junta de gobierno.
d) Identificar las necesidades.

12. En cuanto al gobierno clínico, de los siguientes enunciados diga cuál es un modelo de mejora en la calidad asistencial dentro del contexto de la gestión clínica:

a) Modelo RAID.
b) Health Act.
c) Modelo SNS.
d) Modelo empírico.

13. En cuanto al tema sobre gobierno clínico, el recurso más importante para desarrollar la gestión clínica es:

a) El cliente/paciente.
b) El profesional de la salud.
c) El acceso al sistema de salud.
d) Los recursos materiales.

14. El éxito de la implantación del Gobierno Clínico y la mejora de la calidad asistencial depende de:

a) La disponibilidad de los recursos.
b) Los estándares asistenciales.
c) Las necesidades de los clientes.
d) La infrautilización de los recursos humanos.

15. Del Comité Directivo del gobierno clínico dependen:

a) Directores ejecutivos.
b) Directores no ejecutivos.
c) Jefes de departamento.
d) Todo es cierto.

Solución al test n.º 20

1. a) En 1983.

2. b) A la organización del Sistema Nacional de Salud.

3. b) El gobierno clínico es un cambio radical en la gestión clínica.

4. d) Todo es cierto.

5. b) La descentralización.

6. b) Del equipo de salud.

7. a) El paciente/cliente.

8. a) Garantizar la calidad asistencial.

9. d) El aprendizaje de los errores.

10. d) a) y c) son ciertas.

11. b) Aprobar los planes de desarrollo del gobierno clínico.

12. a) Modelo RAID.

13. b) El profesional de la salud.

14. b) Los estándares asistenciales.

15. d) Todo es cierto.

Cómo acceder al Curso

Facultativo/a Especialista de Área
Test del temario común

El uso de los códigos **es exclusivo de los compradores de los productos de Editorial MAD**. Cada producto posee un código único y de un solo uso. Es personal e intransferible y da acceso a servicios y contenidos adicionales. Editorial MAD se reserva el derecho de hacer cuantas comprobaciones sean necesarias para identificar al legítimo poseedor del código y dejar de dar servicio a quien haga uso fraudulento del mismo, además de emprender cuantas acciones legales estime oportunas según la legislación vigente.

Deberás acceder a:

mad.es/registro-campus

Si una vez aceptadas las condiciones de uso del Campus decides hacer uso del mismo, necesitarás del siguiente código de acceso junto con los códigos del resto de títulos que se exigen (si fuera el caso):

TFHU8GWE5P